知日

it is JAPAN

ZHI JP. 09

特集●森女

Regulars

出版人&总编辑：苏静

艺术指导：马仕睿
资深主笔：毛丹青
编辑顾问：蒋丰，姚远，汤祯兆，健吾，剑心，王众一

编辑：胡智敏，肖夏，张泓瑶，张洋
流程编辑：岳浩
特约记者：姚远（东京）

策划编辑：王菲菲，王薇
责任编辑：朱春艳
营销编辑：邓丹

平面设计：typo_d

Publisher & Chief Editor: Johnny Su

Art Director: Ma Shirui
Chief Writer: Mao Danqing
Editorial Consultant: Jiang Feng, Yao Yuan, Tong Chingsiu, KENGO, Kenshin, Wang Zhongyi

Editor: Hu Zhimin, Xiao Xia, Zhang Hongyao, Zhang Yang
Coordinator: Yue Hao
Special Correspondent: Yao Yuan (Tokyo)

Acquisitions Editor: Wang Feifei, Wang Wei
Responsible Editor: Zhu Chunyan
PR Manager: Deng Dan

Graphic Design: typo_d

联络 知日 ZHI JP

电子邮箱
zhi_jp@163.com
微博
http://weibo.com/zhijp
小站
http://site.douban.com/113806/

发行支持
中信出版集团股份有限公司
北京市朝阳区惠新东街甲4号
富盛大厦2座
100029

图书在版编目（CIP）数据

知日·森女 / 苏静主编. -- 北京 : 中信出版社,
2013.1(2019.11重印)
ISBN 978-7-5086-3808-9

Ⅰ. ①知… Ⅱ. ①苏… Ⅲ. ①女性－文化－研究－日
本 Ⅳ. ①D443.138.68

中国版本图书馆CIP数据核字(2013)第009329号

知日·森女

主　　编：苏静
策划推广：中信出版社（China CITIC Press）
出版发行：中信出版集团股份有限公司
（北京市朝阳区惠新东街甲 4 号富盛大厦 2 座　邮编　100029）
（CITIC Publishing Group）
承 印 者：鸿博昊天科技有限公司

开　　本：787mm × 1092mm　1/16　　插　　页：4
印　　张：11.5　　字　　数：110 千字
版　　次：2013 年 3 月第 1 版　　印　　次：2019 年 11 月第 5 次印刷
广告经营许可证：京朝工商广字第 8087 号
书　　号：ISBN 978-7-5086-3808-9
定　　价：69.00 元

森女

“森女”一词往往是知道的人觉得这个概念很古老，不知道的人对其含义又一头雾水。

究竟怎样算森女，老实说，做完整个特集我个人依然很难准确定义。

“就像从森林里走出来的女孩”，这句话大概是我对森女定义印象最深的一句，因为很有画面感，一直在脑海里久久回荡。

不知道时尚圈给了森女什么硬性指标，我个人理解，这样的女孩儿大概就算森女：天然，率性，不造作，就像邻家女孩一样。

之前在知日新浪微博（@知日 ZHIJP）的调查中，我们提问“说到森女一词第一个联想到的日本女艺人是谁”，80% 以上的人都选择了“苍井优”。所以说，想更快建立“究竟怎样算森女”的感性印象，也许可以简单描述为“像苍井优这样的女孩”。

当然，建立森女感性印象的补充队列里，还有大家都提到的上野树里、宫崎葵等。

有关森女的卷首语，我就先写到这儿，不凑字数了。

知日
it is JAPAN
ZHI JP. 09

姚远 | 西安人，毕业于厦门大学中文系。后在《青春潮》杂志社任记者、编辑。1988 年赴日，从师于摄影大师森山大道。2000 年起，创办电子杂志《日本流行资讯报》（后改名为《东京流行通讯》），十年来坚持不懈地传播日本流行文化。为多家陆、港、台杂志撰稿，并助力日文书籍的中文版引介工作。

吴东龙 | 从事设计观察的作家、讲师、设计师，也是课程与书籍的规划者。再多面向的设计工作里，长期关注日本的设计场域，著有《设计东京》系列书籍，作品见于两岸三地。现在是“东喜设计工作室”、创意聚落“地下连云企业社”负责人。

金鱼屋 | ACG 爱好者。有日版漫画收集癖。

云飞扬 | 山东省日照市人，现居北京。电影《老那》的策划人，著名影评人，同时也是一名民间诗人，也做编剧、写小说。喜欢网络创作，曾担任过网易之我爱电影、天涯社区之影视评论等论坛的斑竹，门户网站设有专栏、博客等。他常年为媒体撰稿，也曾担任过《电影双周刊》《银幕内外》《明星 BIGSTAR》等杂志编辑，也曾供职于“海岩工作室”。

任知 | 70 后代表诗人，作家、影评人。南开大学毕业，现居天津，独立写作。曾为《假日 100 天》人文版编辑、昆明《生活新报》、广州《信息时报》专栏作家，有影评、乐评、书评多见于《北京青年报》《南方都市报》《钱江晚报》《城市画报》《上海时代报》等，著有诗集《孤屿心》和日本文化随笔集《完全治愈系》各一部。

罗越 | 毕业于南京大学中文系，自称“日剧爱好家”，撰稿人。有剧必看，并固定在新浪微博撰写日剧评论，每季度同时收看的剧集多达 20 部以上。在文学艺术、日本文化等领域也有独到见解。
http://weibo.com/raynlaw/

※ 封面图片提供：上田义彦

森女

特集●森女

象。自然风系月刊杂志《PS》的模特菊池亚希子经常使用“慵懒”一词来形容森女的状态。如何利用并度过空闲时光这件事，对森女们来说有着特殊的意义。推崇自然编织的服装材质的时尚态度也好，在咖啡厅喝着红茶，或是悠闲散步于街角这些特点也好，都带有某种关联性，而这其中的关联，可以说正是森女们倡导的生活方式的根本所在。

森女们强调“活出独特的自己”。她们穿着自己精心挑选的服装，通过这些服装材料、款式所传递的印象与概念以及休憩一刻，泡一家中意的书店或咖啡厅来消磨时间的方法，来展现自己的个性和与众不同。在这基础上，森女们还要有和“富有自然感”相匹配的价值观。喜欢没有任何化学要素的温暖的针织服饰，喜欢享受一个人的时间，这些都是获得最纯正的“自然感”的方式。如此推崇“非人造的灵性”即是森女的另一个要素了。

森女们所爱好的电影和漫画也都充满标签般的“森”气。对森女社团的成员们来说，最具有特殊意味的两名女优就该算苍井优和宫崎葵了。人气漫画《蜂蜜与四叶草》的真人版电影中，苍井优出演了“花本叶久美”这一人气角色。宫崎葵则在 2006 年上映的电影《现在只想爱你》中饰演女主角里中静流。作为时尚杂志封面常客的两位女优，最常见的即是花式的连衣裙或超长裙的清新打扮，编织物和对襟毛衣的混搭也被她们大量采用，这样的时尚潮流，潜移默化地带给了森女们更多的时尚灵感。

虽然此时森女的概念已经在森女社区中为大家熟悉，但森女真正受到大众瞩目的则是在 2009 年。当时的代表性杂志《CanCam》所推崇的“モテ系”❶潮流开始渐渐失去人气，而杂志《小恶魔 ageha》一直积极倡导的“ギャル系”❷的华丽夸张的服装、发型和生活方式则在新闻和电视上被大家渐渐关注。森女在很大程度上作为和ギャル系风潮相对立的存在而在当时登场。森女的概念，在当时更多地代表着一种将少女情怀中的清新元素融入服饰的潮流。

❶モテ系：以受到异性欢迎为目的的时尚风格

❷ギャル系：作为一种街头时尚，代表性特征为棕色的头发，日晒肤色以及夸张华丽的混搭。

森女意识与风格露出端倪，是在20世纪90年代出现的“Olive少女”※橄榄少女的时代。Olive少女中有很多人从事出版社的编辑工作，这也是当时诞生了很多森女相关杂志的原因。

Olive少女指的就是传说中的杂志《Olive》的读者们。杂志的出版公司マガジンハウス社在1982年即创此刊，标语打着“Megazine for City Girls”的旗号，这本杂志作为一本关注十几岁的都市少女的生活方式的杂志而出名。这本杂志由于受到强烈的以巴黎为代表的西欧及北欧的城市文化影响，刊载内容也不局限于时尚，而更多涉及了生活方式与艺术相结合的方方面面，从而吸引了大批对音乐、电影、室内设计、绘画等方面兴趣浓厚的读者。

《Olive》会介绍针织帽或贝雷帽搭配淡妆的个性装扮，让人看到就自然想起奥黛丽·赫本或某位法国电影里面的女演员；杂志也提及咖啡厅、芳香疗法、有机食品等概念，这些新名词无不暗含着一种当时大多数人不了解的富有文化气息与休闲意识的先进生活理念；在提到糖果制作或针织服饰时，《Olive》会着重强调其中的手工元素；当介绍小物件时，则钟情于北欧的家具与杂货。“这些特征在之后森女流派出现后也随之被继承下来。”日本现今典型的森女元素杂志《Spoon》的编辑安西由里子如是说。这样说来，当年的 Olive 少女该会有一种对森女的天然的亲近感吧，并热切期盼将巴黎、伦敦、斯德哥尔摩甚至哥本哈根的欧洲生活文化方式向下传承。

由《Olive》杂志的模特起步的市川实和子和市川实日子姐妹已经开启了崭新的演艺生涯；酒井景都也设立了自己的服装品牌并发展了自己的美术事业，还开办了画展；蜷川实花则作为“女性写真家”浪潮的先驱者扬名，继而开创电影事业，以导演身份再一次赢得大众认可，尤其是得到了女性的崇拜。她们已然逐渐跳脱出时尚与潮流，成为一种文化现象。

但森女与 Olive 少女的不同在于，森女的概念虽然由社区开始，但这些森女们并没有最终走进电视、杂志等媒体渠道，成为艺人而被热切地吹捧。Choco 本人的确有在杂志做连载，但除此之外，她并没有上升成为一种传承文化的载体或是大众宣传的视点。森女中的大多数人还是更享乐于自己的特色服装和杂货小物之中，用相机记录生活点滴，经常性地穿梭于各式咖啡小店，以这样的消费习惯和生活方式贯彻自己的主张。Olive 少女风靡的时代的确开始涌现大量想开咖啡店、杂货店而跃跃欲试的人，但也正是因为当时的年代没有先驱者，除了自己制作而别无他法。现在，当鳞次栉比的洋装店、百货店已经让人应接不暇，人们恐怕也没有更多精力和意愿去自作主张经营杂货小铺。 这也是不同的世代带给两种女性时尚的最大的差别吧。

到了 2011 年，越来越多专做森女或涉及大量森女风格的杂志相继停刊，连森女一词本身也被提及得越来越少。

一方面，热衷原宿、涩谷绚烂多变时尚风格的十几岁的少女博主们开始被瞩目，其中就出现了代表性的以《PONPONPON》一曲席卷全球的 19 岁女艺人 Kyary Pamyu Pamyu。同样，杂志《KERA》和《Zipper》模特们的时尚也被同龄人们所追捧，粉丝人数甚众。

另一方面，时尚潮流的演变中，森女概念虽从电视、新闻、杂志中渐渐淡化，但森女们所主张的时尚风格却没有因此消失。相反，这种自然风的时尚以及生活风格被原来越多的女性所接受并推崇。Earth music & ecology、Lowrys Farm、Pageboy、Ehyphen 等众多有“森味”的服装品牌在日本全国火热贩卖，不同年龄阶段的女性都可能是这些品牌的忠实消费者。这些品牌的单品价格从 3 000 日元到 6 000 日元不等，平价策略的营销方式、与低压环保的服饰设计，使处在经济困境中的日本人也更能做出轻松的时尚选择。

另外，迷恋针织物的女孩子们聚集到一起开办手工作坊，在艺术和技艺的磨合中寻求心灵的安定；喜欢拍照的女孩子们从随走随拍的业余兴趣慢慢倾向于研究更系统的摄影技法；甚至街边的简单散心也作为健康的生活方式而被越来越多人接受。森女文化虽然主要诞生并发展于东京，但这种崇尚自然、低碳、清新无添加的生活方式以及随时记录生活与旅行的悠然人生态度却在日本全国被广大女性所喜爱并习得。

在日本，森女热潮作为一种带有时间标记的概念会渐渐走向衰落，但由森女的理念所衍生出的各种爱好、对美的领悟、对生活的态度已经在日本女性中蔓延开来，并渗透到她们自身和家庭生活中。“想要悠闲地过日子”的主张，对如今这种过度消耗的社会下每天忙于工作学习中的女性们来讲是难以舍弃的愿望。“至少在休息日的时候想让自己被喜欢的东西团团围住”，抱有这种愿望的女性，手持相机在自由之丘、中目黑、下北泽或吉祥寺一带悠闲漫步，流连于杂货店与咖啡厅，淘些自己喜爱的小物，这些有意无意的“森动作”，给原生的美景又增添了一丝恬淡。有连续假期的话，就去镰仓、金泽、神户、长崎这样的城市来一番一个人的小旅行吧！留下治愈心灵的回忆并伴随自己一生。森女影响着她们身边的每个人，从而也渗透到社会，由此，每天看似相同的景致在不经意间正慢慢发生着那么一点儿温馨的小变化。

日本女性服饰分类大搜集!!!

日系ファッション大図鑑

肖夏 / text 王钰 / picture courtesy

/日本是一个充满矛盾的国家。这个以集体主义行为准则和集团文化闻名天下的东方国家，在服饰穿搭上却衍生出了比任何国家都多的亚文化概念。让人眼花缭乱的各种「系」，一眼看上去并无太多差别，而日本人却会认真地总结、归类，甚至每一本时尚杂志都有自己的阵营，绝不越雷池一步。

/稍作研究就会发现，这些所谓的系，都是年轻人的时尚，作为年轻人群体亚文化的一环而存在，是年轻人追求个性表达和创造力的表现，当然，也可以理解为对集体主义引领下的生活方式的逃避。所以，这是一篇建立在自由主义立场之上的总结，仅通过这些服饰穿搭风格的分类，我们就能大致感受到如今日本年轻人文化与原有文化之间的断裂与分层。

/这篇文章主要总结了六大类在日本具有代表性的女性服饰分类，充其量也只能算是九牛一毛，其中不乏很多在「主流」群体看来「非主流」的穿搭风格。也许，给这些风格扣上主流或非主流的帽子，本身就是一种戴着有色眼镜的做派。刚才也说了，这篇文章的立场是自由主义的，那么，每一种风格应该都是平等的，对吧？

森ガール系

森女系

森ガール系

冬

/既然本期《知日》特集的主题就是「森女」，那么当然要以这一风格作为开篇。

/森女们喜欢古着，在东京的下北泽和高圆寺等古着店聚集的地区，经常能看到她们淘货的身影。

/最早对这个潮流动向做出反应的，是日本的时尚杂志《Spoon》。2009年的情人节，《Spoon》刊发了一本《森ガール A to Z》别册，由苍井优代言做封面，从此彻底引爆了森女这个概念。那几年，森女系可谓火遍日本，也让日本的时尚「返璞归真」了一把。

森ガール系

夏

/森女系的典型搭配是：复古或民族风的娃娃装连衣裙（A字形连衣裙），材质以棉和麻为主，配以简单的蕾丝钩边和小动物造型的长吊坠，下半身是打底裤，加上一双平底圆头的皮鞋。另外，印第安风、西伯利亚风等也是她们中意的搭配风格。

ナチュラル系

自然系

/自然系与森女系有相似之处，比如都喜欢手工小物，都喜欢棉、麻、毛材质的衣服等。但是两者之间的差别也是很显著的。比如说，自然系的服饰没有鲜艳的颜色和花式，也绝不会有层层叠叠的蕾丝花边和繁复的装饰品，而这几样都是森女系的主流。不仅是衣服的材质，自然系衣服的颜色也很接近自然，以白、灰、淡（土）黄等为主。

ロリータ系

洛丽塔系

/洛丽塔系也是一种日本独有的穿衣文化，也叫洛可可系。「洛丽塔」的称呼来自于弗拉基米尔·纳博科夫的著作《洛丽塔》中的女主人公，12岁的少女洛丽塔。如其名，洛丽塔系是从少女的视角出发，将古典少女风的形象发挥到极致的一种穿衣风格。

/引爆洛丽塔风的，是深田恭子在电影《下妻物语》中饰演的龙崎桃子这个角色，在剧中，她总是把自己打扮得像是中世纪欧洲的大小姐，并向往着穿越回中世纪的法国宫廷。

姬系

公主系

/公主系，顾名思义，就是喜欢把自己打扮成全身冒着粉红泡泡的公主那样。这一系的爱好者们喜欢一切带有粉红、玫瑰、花边等元素的衣服、饰品、家居物品等等。她们往往心思细腻而敏感，用现在的话说，有些「玻璃心」，幻想着能遇上一位属于自己的白马王子。这个描述不带任何贬义，哪个女性没有经历过这样的一段时光呢？

ギャル系

涩谷系

或者称「GAL」系

/原是对潮流一族的称谓，安室奈美惠、滨崎步先后成为过GAL系的教主级人物。因两人人气极高，故穿衣打扮也受到众多女生推崇。

/后来，GAL系渐渐演变成对东京潮流中心——涩谷109大厦附近最常见到的「奇妆异服」人群的称呼。此类人群多为女高中生，她们喜欢将自己的皮肤晒成油棕色，画上很浓的眼线，涂上睫毛膏，头发染成茶金色或其他乱七八糟的颜色，衣着极端暴露，前卫得让人受不了。

/穿着上，一类爱穿有豹纹元素的衣服和高跟鞋，烟不离手；另一类喜欢将校服的裙子改得令人难以置信的短，几乎到大腿根部，然后穿上层层叠叠一直到小腿肚的泡泡袜。因此，这个词也被当作问题少女的统称而含有贬义的成分。

お姉系 熟女系

JJ系 神户大小姐系

/熟女系中最正宗的一个分支，以杂志《JJ》为阵地，也叫神户大小姐系。2000年前是熟女系的主流，也是最受关注的熟女系装扮。全身搭配显得极为优雅高贵，服饰价钱也比熟女系的其他分支昂贵，是熟女系中「最像大户人家小姐」的一个分支。

CanCam系 名古屋大小姐系

/熟女系中最妩媚性感的一个分支，以杂志《CanCam》为阵地，也叫名古屋大小姐系。大卷发是这一分支的主流发型，打扮上性感得恰到好处，既不显得很保守，也不是过分暴露，很能吸引男性目光。是熟女系中「男生缘最好」的一个分支。

V·i·V·i系

性感系

/熟女系中最接近涩谷系的一个分支，以杂志《ViVi》为阵地。妆容是所有熟女系分支中最浓的，头发喜欢染上明亮的金黄色，然后把头发高高地盘在头顶。背包和首饰的颜色也非常艳丽，喜欢穿紧身的服装，是熟女系中「最酷、最性感」的一个分支。

RAY系

邻家女系

/熟女系中最强调「可爱感」的一个分支，以杂志《RAY》为阵地。是仿佛邻家女孩那样乖巧可爱，放在人群中虽不起眼（穿着上没有自己强烈的个性），但很能给人安心感的人群。服饰的价钱同其他分支相比是最便宜的，也是熟女系中「最不像涩谷系」的一个分支。

/日本的女性服饰，除了这次总结的六种「系」，还有小恶魔系、GAL妈妈系、男孩系、山女系、沙龙系、蓝文字系、古典系、PINKY系、女仆系、妖精系等无数个让人眼花缭乱的分类。即使是这样，绝大多数的风格因为有着自己固定的聚集区域和欣赏群体，因此，走在日本的大街上，也不会有夸张到仿佛进了动物园的感觉：上班族们依旧规规矩矩地穿着浅灰色的正装，高中生们也都穿着学校统一的制服，家庭主妇们穿着休闲服穿梭在菜场和居民区的小道上……一眼看过去，还是一个统一度很高的国度。

/然而在这表面的统一之下，竟然蕴藏着数量如此惊人的亚文化群体，这便是日本这个矛盾体的奇妙所在：所见非所得，越是充满着矛盾，就越是散发着神秘的吸引力。

森女追梦人 — 酒井景都

张洋 / text

／她不是“森女”一词的创始人，却早于森女风刮起的许多年前就摸索出属于自己的自然之美。／她不是森系模特中最有人气的，却有一批因为爱她而爱上她的“森系风格”的忠实粉丝。／她不是最富盛名的设计师，但坚持自己的设计理念让她的设计之路坎坷但充满惊喜。／她不是专业的画家、写手，但写写随笔、办办画展展现给人们的是她满满的个性与才华。／因为她爱所做的每一件琐碎的事，每一次独一无二的经历，每一个擦肩而过的人；她爱每一个突然闯入的灵感，每一种一期一会的感受，每一个闪闪发光的梦。

夢を追いかける

酒井景都

1982	她出生在东京代官山，父母经营着一家英式古董店。
1996	她在《Olive》以平面模特的身份出道。
2002	她在庆应大学就读时创立了自己的女装品牌“COLKINIKHA”，设计简约而充满了女性特质。
2009	突如其来的森女热让她人气直线上升，而对她来说，这只是长年坚持自己的美学观得到的小小收获而已。
2012	她开办了首场插画个展"neoteny girl"。
2013	她将推出新的原创品牌“K and Kate”，依旧是她擅长的清新、自然、微微梦幻的风格。

○作为一名设计师、艺术家、模特、音乐人……你以各种各样的身份活跃在许许多多的领域，在这些身份转换时会需要特别地去进行自我调整吗？你又是怎样看待它们之间的区别的呢？

× 我倒是没有特别地去区分它们呢。虽然我不能一概而论，说这些都是充满自然复古情怀的、具有幻想性的、更具深意的少女向文化，但它们确实都展现了我相同的世界观，只是在不同场合展现的形式不同罢了。

○虽然你现在似乎已经达成了"全方面发展"，不知道你最初的梦想是什么呢？

× 最初是想成为一名绘本画家。因为我非常喜欢画画，也喜欢编故事，所以当时就觉得能将这两项结合起来是再好不过了。

○这几年，森女突如其来地流行起来，“森”的观念顿时就从日本发散到了世界各地。而被人们公认为森女代表之一的你心中究竟是怎样定义森女的呢？从森女的大热中我们能得到什么信息呢？

×2010 年森女人气最高的时候，我曾经一度惊讶于安排得满满当当的日程表。来自各种杂志的取材、活动的出席请求源源不断。后来我才知道原来 SNS 森女社区的建立者十分喜欢我的设计，是我的粉丝呢。（笑）其实我到现在都不能说特别了解森女的情况，在我看来，森女就是一群不在乎世俗的眼光，按照自己的喜好去打扮、去生活的女孩子们吧。而因为这样的女孩子永远都在出现，所以，虽说森女似乎已经过了最热的阶段，但作为一种概念它依然将长久地存在下去。

○比起一种单纯的时尚，我们更想将森女定义为一种生活态度。那是一种对悠闲的、自然的生活的向往。只是这个社会越来越嘈杂，怎样才能活出自己的态度？怎样才能放慢脚步去慢慢享受呢？

× 在日本，无论什么地方走个两三步就能看到一家便利店，里面各种物品应有尽有确实是很方便。不过不如偶尔稍稍停一下，慢慢泡一杯红茶，亲手编织一个想要的包包，或者为家里做个餐巾纸装饰盒什么的，不要把这些看成一种时间的浪费，而是好好地去享受它们，生活，就是要用这样的小情趣去美化的。

○进行了这么多的创作，当一些灵感无法得到实现，或是完全没有灵感的时候，你会做些什么来度过那段时期呢？

× 说实话，我从来没有为没有灵感而烦恼过呢。“产生灵感”对于我来说几乎变成了一种特技一样的东西——它们总是源源不断地涌现出来。一定要找一个原因的话可能是我参加了许许多多的活动吧，和朋友喝喝茶、旅旅游，有时间去美术馆参观一下，安静地看上一整天，有时参加派对又能体验到完全不同的气氛，因此灵感才会永不枯竭吧。

○“不知是人在追时尚，还是时尚在追人”，关于时尚的看法千千万万，能让我们听听你的想法吗？

× 在我心中，时尚是一种表达自我的以及与人交流的手段。因为有些时候有些情绪难以用语言来排解，而这时时尚往往能助我一臂之力。像是一些心情灰暗以至于连“我现在觉得怎样怎样”都懒得去诉说的日子，我往往能从时尚中得到一些力量，在时尚中解放自我。

○前些天你的首场个展非常地成功，我们也有幸欣赏过你的一些绘画作品，是十分独特的梦幻风格。线条不那么确定，颜色也很清淡，宛如梦中的场景一般。您这次的展出有特定的主题吗？有什么希望传达给观众的信息吗？

× 这次的主题是“neoteny”。这本是一个生物学用语，指的是在成熟动物身上有某些器官却依然保持着幼年的形态，并未完全成熟。于是我一下就想到了，即使随着年龄的增长我们逐渐成为了成熟的女性，但在内心深处却依然保持了一份少女的情感，那里永远有一颗跳动的少女之心。这次的作品也就是想展示人们身上那种“未成熟”的青涩感。

○女孩子们恐怕都会羡慕你现在的生活，而你自己心中最理想的生活又是什么样的呢？

× 能发现自己真正想做的事，并且勇于去追求，就是这么简单！

○最后，请对中国的读者们说一句话吧。

× 无论什么时候，无论在做什么，“正视自己所爱”是最重要的。哪怕现在看不清前方的路，但只要正在朝着自己喜欢的方向前进，慢慢前进就是好的。因为只要心中有爱就什么困难都不怕啦。这就是最真实的感受，别人怎么想不用去管，你的人生就是属于自己的。

特集●森女

NEO MORI GIRL

强中带柔的 2012 年进化型森女

Pep.inc、姚远 / text
Pep.inc / picture courtesy
Morisaka Ayano、Tateno Masashi / photo
Yamazaki Yuka / stylist
Tateno Masashi / hair makeup
Washitsuka Asumi / assistant
Katsuki Noriko / model

top

此次特集的主打（top）搭配由白色和茶色组成，突显冬日的感觉。带给人温暖感觉的毛线球发饰是此套搭配最具标志性的特征。毛线球大小不一，可以根据个人喜好自由地固定在头发各处，打造不一样的个性效果。发型是松散的麻花辫，将重量感集中在头顶，发梢处则将质感尽量减轻，打造出平衡感。

TOP搭配要点

1

在手掌中将发蜡均匀抹开后，用手在头顶抓出若隐若现的发堆，打造重量感。

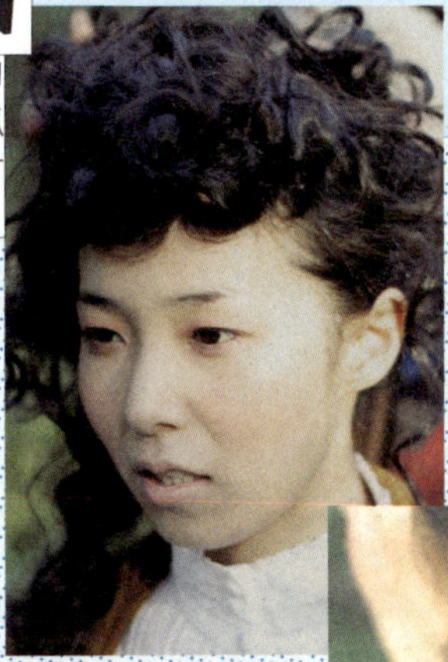

将后面的头发分成三股，扎成松散的麻花辫。

2

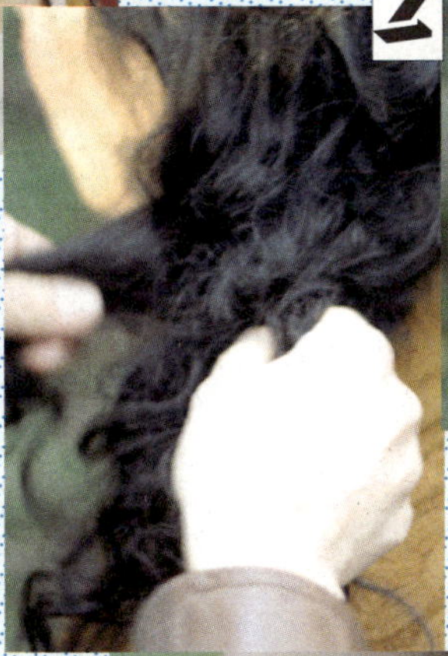

3

麻花辫的注意事项：越往发根处扎得越松散。

4

麻花辫的发梢处不能直接扎上橡皮筋或蝴蝶结，而要用发梳逆着头发生长的方向梳出凌乱蓬松的发尾，喷上定型喷雾，用与发色相近的橡皮筋扎住。

7

淡粉色的唇彩能够更加显出可爱的气质。

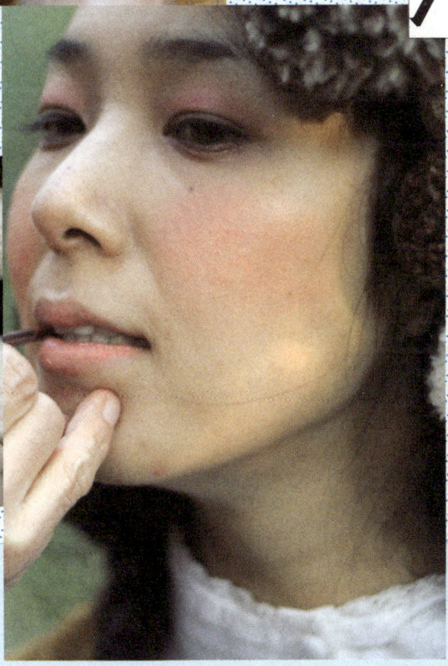

6

毛线球比较重，容易滑落，记得多使用几个发夹把它们牢牢夹住。

根据自己的喜好，用发夹将大小不同的毛线球固定在头发上。

5

1st

NEO MORI GIR

发型要点

· 从头顶开始就有强
卷曲感的中卷发，让
发显出毛糙感与蓬
感，给人鲜明而强烈
印象。

· 在接近裸妆的整体
容中凸显睫毛膏的
彩，让眼睛看起来更
神采奕奕。

· 散发可爱感的小
窍是让发型的强烈
与妆容的柔软感融
为一，一个森女的
阶版 —— NEO MOR
GIRL 就打造完成了

在白罩衫上披上有古风蕾丝点缀的披肩，女性的柔美瞬间显现。

印第安风的皮质头绳让整体造型不会显得过分甜美。

1ST搭配要点

1

塑造卷曲感强烈的卷发的关键，是用烫发棒紧紧夹住发根，一直缠绕到发梢。

2

原则上，裸妆不需要涂抹粉底，但是记得在必要的地方涂上遮瑕膏。

3

用指尖或指腹蘸取膏状腮红，在颊骨以上的位置轻轻向颊骨方向画圈。膏状腮红适合于打造具有透明感的可爱妆容。

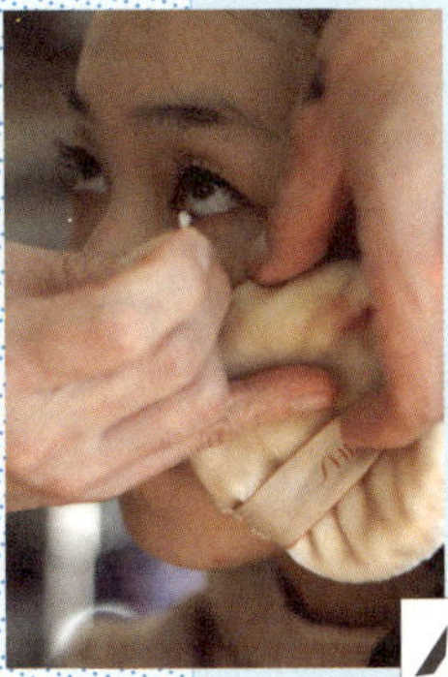

4

不能使用眼影。只用棉棒轻轻点出眼线即可。

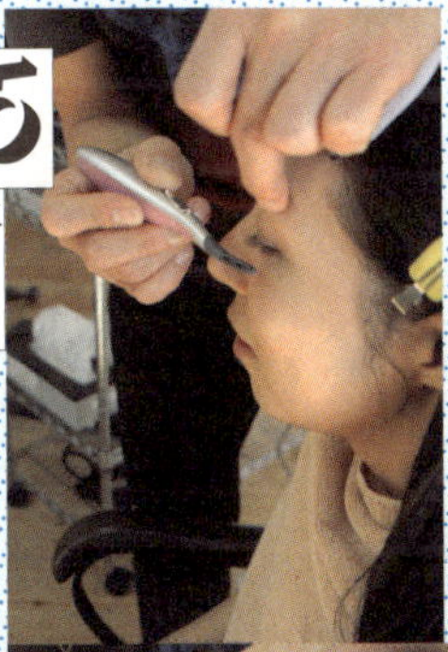

5

电动睫毛夹能让睫毛持久卷翘，非常有用。

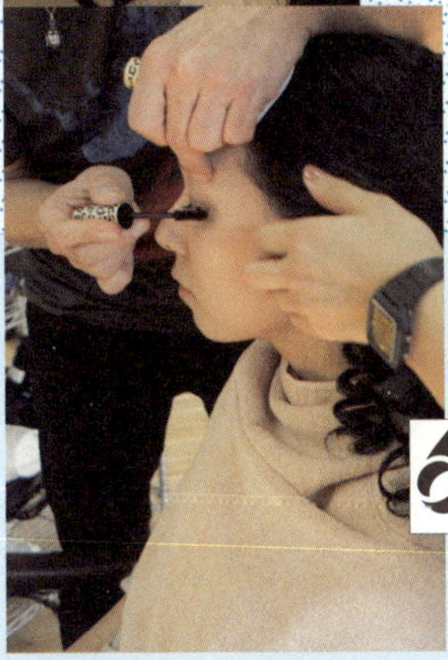

6

因为不使用眼影，所以睫毛膏一定要涂满整个眼睫毛，但也不能涂得过浓。

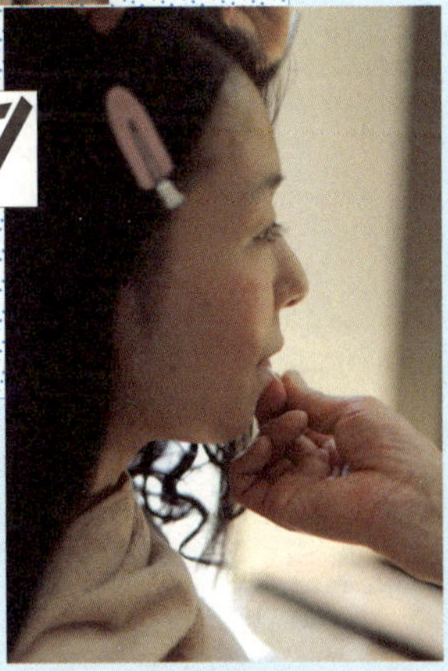

7

最后上点淡色的唇彩。

2nd

打造在森林中迷路的森女形象。白色连衣裙，外加一件带有绒帽的白羊毛对襟夹克，“白头巾女孩”般的纯洁感呼之欲出。妆容的关键在于粉红色的腮红，“可爱”是关键要素。

在皮肤上涂抹能显出亮泽感和透明感的身体香膏，让皮肤好像天鹅绒一般丝亮光滑。

2ND 搭配要点

1 为了强调可爱感，用手指蘸取淡粉色的膏状腮红，在脸颊上均匀涂开。

2 涂上身体香膏，凸显皮肤的透明感与亮泽感。

3 身体香膏不仅涂在手腕上，也要涂在胸前和脸上。但是记住，在涂脸部时，请使用涂抹手腕和前胸后留在手上的膏体，只需薄薄一层即可。

3rd

除了极富个性的萌葱色连衣裙，真皮毛领与耳罩也不可缺少，在清新自然的氛围中打造有一丝小俏皮的整体造型。为了使妆容显出与自然共存的游牧民般的野性感觉，需在发顶打造一个充满质感而又不失随意的束发。可爱与帅气共存的 NEO MORI GRIL 造型就完成了！

3RD搭配要点

1 将发蜡在手掌均匀涂开，然后用沾有发蜡的手将头发打理出质感，这个过程不要使用发梳。

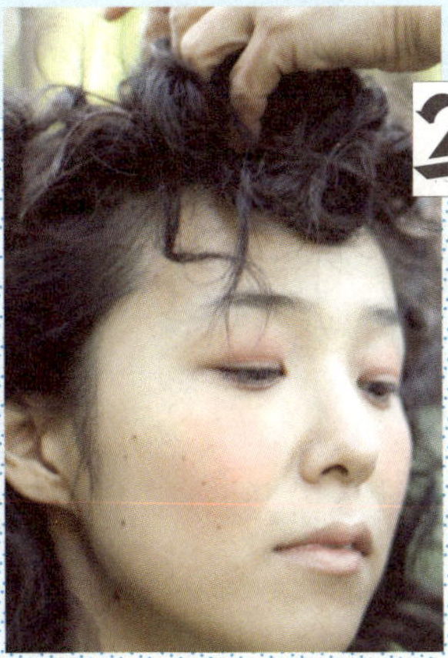

2 同样用手将刘海也打理出卷度后，将刘海的发尾松松地扎起，用发夹固定在头顶中央。此步骤的关键是留出几缕发尾，给人一种随意而自然的感觉。

3 将从刘海到鼻子的头发分为三部分，分别扎起用发夹固定。然后模仿马的鬃毛，将两边的发束向中间聚拢，加重中央发束的重量感。

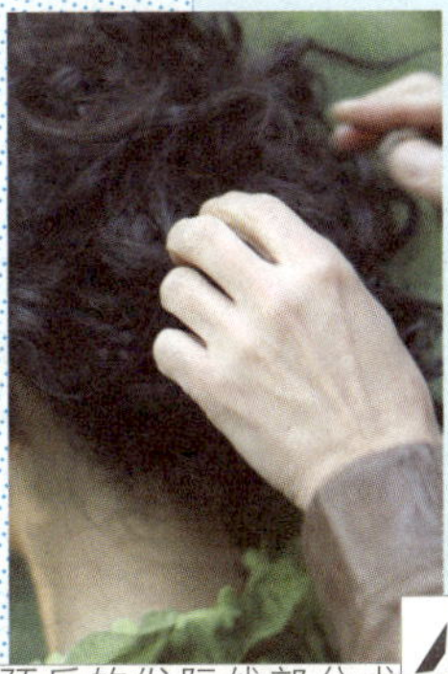

4 脖颈后的发际线部分尤其注意不能扎得太紧，尽量营造蓬松的感觉。

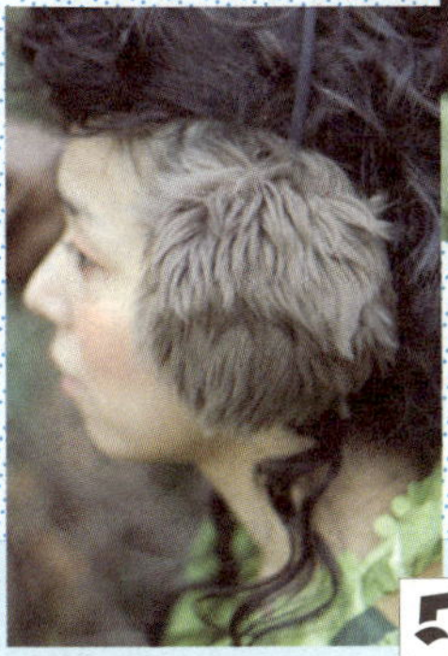

5 最后，戴上耳罩。仔细打理后脑勺和头顶部头发的平衡感，不要显得太刻意，打理好的头发反而要有随意的感觉。

4th

这组造型的服饰搭配与 top 相同，但换上了圆顶的毛毡帽后，一下子有了都市的氛围，同往常的森女造型有了一丝不一样的风采。发型也配合帽子作了修改，将头发分成两部分，将左右两侧的发尾轻轻扎起，营造出浓厚的少女气息。

4TH搭配要点

1 将已经打理好的卷发在头的两侧扎起。

2 戴上帽子，轻轻扭转两侧的发束，再将发尾向发束方向折起，用发夹固定。

3 折得太整齐的话会显得幼稚，所以尽量打理出蓬松的空气感。

4 最后，确定左右两边的平衡，将固定得不够好的一侧再弄一次。

TATENO MASASHI

日本著名发型师、化妆师和造型师，合作过多部广告、电影、写真集，也曾为多位日本当红艺人设计造型。同时开设了自己的发型化妆工作室，是 pep 公司的法人代表。

目前为止的主要工作：

广告：DoCoMo, Levi's, PARCO, Triumph, 可口可乐, M's collection, 朝日啤酒, 三菱电机, WOWOW, Nicole white, NIKE, etc.

社论：SWITCH, CUT, H, smart, mini, Men's non no, PHaT PHOTO, photographica, DAZED,etc.

写真集：宫崎葵《少女日记》《the+me》，菅野美穗《NUDITY》，高田延彦《ALL FOR WIN》，高田延彦＆樱庭和志《WORKS》，Misia《LOVE IS THE MESSAGE-PROLOGUE》，三浦春马 《大约》

电影：《Sound Scape》导演：末田健 主演：宫崎葵，《DECADE》导演：贯井勇志 主演：虎牙光挥，《Photograph》导演：原淳 主演：宫崎葵，《告别申请书》导演：岸建太朗 主演：涉川清彦・占部房子，《ハブと拳骨》2007年 东京国际电影节竞赛单元提名作品

DVD: "KSW/权相宇" 导演：Peter Han 主演：权相宇， 宫崎葵数码写真集《Nature》

宣传片：the indigo "UNDER THE BLUE SKY" 导演：田坚次※宫崎葵 出演，MINMI "STEP" 导演：久保茂昭，Dreams Come True "睫毛膏" 导演：末田健※本上真奈美、加藤 Rosa、尚玄 出演，TSUBAKI "甜棕色" 导演：浅川英世狼※山田麻衣子 出演，KAME&L.N.K "韵律" 导演：城田※山田麻衣子 出演，柚子 "说不出口" ※うまくいえない导演：今井夏木※三浦春马 出演

合作过的演员：苍井优、麻生久美子、香椎由宇、加藤 Rosa、贯地谷诗布里、草刈麻有、関 Megumi、丰田 Eri、长泽雅美、本上真奈美、宫崎葵、柳生 Miyu、山田麻衣子、佐藤健、尚玄、三浦春马

TATENO：我眼中的女优宫崎葵

TATENO / text 肖夏 / translator

／得知宫崎葵在中国也有大批的粉丝，作为宫崎葵的化妆造型师，我当然也是相当地高兴。说起这个话题，我愿意从演员和造型对象两个角度来谈谈小葵给我的感受。

／首先，宫崎葵作为一个演员，她的魅力在于无论出演什么样的影视作品都能体现出她自己那一份无法动摇的"倔强"的特质。

／如今的女演员很多都是根据不同的角色塑造不同的性格和世界观，小葵虽然也是这样，但在她塑造出来的角色里，必定会包含"宫崎葵"本身，这种独特的风格让观众过目难忘，并为她的坚持和韧性而感动，这一点实在是很厉害。

／作为演员，小葵还有另外一点让我觉得她特别厉害，那就是她的爆发力。由于工作关系我接触过很多女演员，她们为了能够进入状态，开拍前的一段时间根本不让外人靠近。跟小葵合作时，完全不需要顾虑这一点。

／之前有一次在某剧组为她做造型，剧本中有一场和家人分别而伤心落泪的戏。马上就要开拍了，小葵还在和我们这些工作人员谈笑。我觉得这样似乎有些不妥，于是半开玩笑地问她："你不提前进入一下状态吗？"结果她回答："不用特意给我时间准备的，等周围的气氛出来后自然就进入状态了。"

／当时我还对小葵是否真的能马上转换到流泪模式半信半疑，但是她之后的表现彻底打消了我的疑虑。就在开拍的瞬间，小葵的神色与之前完全不同了，那场戏中小葵流着眼泪与家人依依惜别的场景我至今想起来都会觉得感动。我害怕只有我当场哭出来很丢脸，就偷眼看了一圈周围，竟然发现在场的所有工作人员都被小葵的表演带入了戏，一起在跟着她流泪呢。（笑）

／从发型化妆师的角度来看，宫崎葵也绝对是一个理想的造型对象。她的皮肤不仅肤质特别好，更重要的是有"透明感"，这对于造型师来说真是求之不得的素材呢。而且，小葵的眼睛也特别有神。

／一般来说，做造型的时候比较夸张的粉底和眼妆是绝对少不了的，而给小葵做造型的时候让人忍不住想为她打造裸妆，因为她实在很适合裸妆造型。薄薄地抹一层似有若无的粉底，轻轻地画一条眼线，再尽量自然地涂上一层睫毛膏，剩下的，就交给她那双有神的眼睛吧。

／作为发型化妆师，我也有自己的坚持，但在同样有自己的原则的小葵面前，我的造型手法、角度、构思也会发生改变。作为一个造型师，最不愿看到的，就是让一个优秀的女演员毁在自己的手上，而小葵是那种很有可塑性的演员，每一次见面都会让我迸发出不同的灵感，作为一个造型对象，实在是再理想不过了。

暮らし・手作りと愛

爱生活，爱手作

东京 TOTORO 的手作课

东京 TOTORO / text & photography

王静 东京 TOTORO，2004 年来日。（国立）东京学艺大学平面设计专业硕士毕业。

／毕业后我一边在设计会社做兼职（每周 3-4 个工作日），一边不务正业。因为硕士课程选修的是“立体绘本”研究，所以我又捡起了久违的画笔，进行手工制作，最大限度地发挥动手的潜能。现代绘本、水彩画、制本、摄影、手作、种植（以多肉植物为主）、书法、刻纸、木工、农园（2010 年开始租了片地，现在基本做到应季蔬菜自给自足）等等，“样样通，样样不精”（这是妈妈对我的评价，呵呵）。虽然之前也困惑过，“一定要找出一样代表性的手艺，刻苦钻研才好”。但后来发现，正因为这样丰富多彩的生活才使我和心爱的他可以在异国生活得有滋有味，也让远在国内的双亲看到我的博客时放心、开心。／现在，我的每一天都过得很充实和美好。我想慢慢地、一步一个脚印地和先生携手向着我们的共同目标前进。／最近，我在为明年即将出版的小书努力画稿、做图。／梦想，正如我的期待一样，慢慢地靠近来了。／令我雀跃不已，并为之奋斗。

／亲手制作心爱的小物，送给朋友，送给恋人，或是只是留着自己欣赏，这是多少女生们曾经或是现在依旧怀抱的梦想。然而现实总是打乱一切期待，不知为何，现在的我们总是忙忙碌碌，最后却似乎一无所获。太累了！累得别说实现梦想，连做梦的力气似乎都失去了。／别叹气了，别抱怨了，让我们开始吧！告别懒洋洋、混沌沌的日子，动动你的双手，让我们一起制造惊喜，编织记忆，雕刻时光，绘制生命，拥抱梦想。

薰衣草风物志

一直都很喜欢薰衣草，喜欢这些淡紫色的小花，更喜欢她们散发出来的远淡温和又让人心旷神怡的香味，似是淡到极处，却又刻在心底。

每天早上，总会去露台上深深地吸一口气，夹杂着薰衣草的芳香，

就这样，美好的一天开始了。

-

薰衣草花语是等待爱情。

如果你尚在寻爱途中，那么不要着急，不要担心，爱情就在路上。

如果你已收获了爱情，那么记得珍惜，记得感恩，温暖存进心里。

-

留在心底的爱情永不消逝，可我们又要如何留住薰衣草最美的时光？

01 芳香精油透明烛

材料：薰衣草香精油、耐热的透明玻璃器皿、蜡烛芯、做蜡油用的透明材料※大桶里的，类似于果冻的样子，加热会溶化成蜡油，放置30分钟又会凝结成蜡、风干的薰衣草、各种小装饰品※图里用到了从夏威夷捡回来的贝壳、鱼缸里的蓝色玻璃球以及玫瑰花的干花、一个用于加热的大勺子。

❶先把烛芯放在玻璃器皿中间，再把要装饰的东西逐一放进去，最重的※如玻璃球可以放在最下面压住蜡烛芯。

❷往里面滴适量的薰衣草精油。

❸用勺子舀出一些透明材料，放在火上加热。

❹待熔化以后，一点一点地倒入玻璃器皿里。趁还没有凝固之前，调整烛芯以及里面小装饰物的位置。

❺静等 30 分钟，此时已经满屋芳香四溢了，最后别忘了加入玫瑰花的干花瓣。

❻完成。

有的时候因为性子急，蜡烛还没有完全凝固，我就点燃了它们。因为加热的缘故，薰衣草的香味愈发浓郁了。顺势躺在榻榻米上，闭上眼睛，想象着自己站在富良野或是普罗旺斯那一望无际的薰衣草田间，烦恼、焦虑、忧伤，都在淡淡的香气中越飘越远……

02 丝带花束

材料：风干的薰衣草、半透明的美丽丝带、缝衣服用的细线。

❶如图所示，把薰衣草倒着拿着。

❷用细线把薰衣草松松地缠起来，这样做的目的是防止干燥的薰衣草脱落。

❸把花茎折向花的顶端，类似把花蕾都包起来的感觉。

❹拿出半透明丝带，编进花茎之间的一个缝隙中，再像编辫子一样一进一出，把丝带编到花茎的缝隙当中。

❺最后在下面系个蝴蝶结，插在空瓶里，放在房间里既可以作为装饰，又可以芳香满屋。

❻完成。

03 简易书签

材料：硬纸板的边角余料、刻刀、丙烯颜料、粘丙烯用的海棉。

❶把刻好的薰衣草镂空图样放在要拓印的纸上面，对准位置。用海绵棒蘸上颜料，涂在镂空的地方。

❷打孔，系上麻绳。
当然，大家可以更换不同的花型、不同的颜色、不同的材质，拓印总能带来一种质朴、素雅之感。

04 精美小物

插画作品

刺绣作品

黏土作品

愿它们的香气永不散去，愿它们的色彩永远光鲜，
愿世间的爱情亦如此般。

罐头瓶小世界

你相信吗？每个瓶子里都有一个独一无二的小世界。
当你觉得累了的时候，不如试着想象，
自己忽然变得很小很小，很小很小，
小到可以进到瓶子里的世界。
那么，连你的烦恼也都会一起变得很小很小，
很小很小，小到几乎感觉不到了。

材料：川沙、培养土、防腐石、苔、婴儿的眼泪※绿色小植物、筷子、浇水壶、小耙子。

这里要注意，因为苔类植物喜欢半阴和水分，所以选择里面的小植物时也一定要选择和苔一样生长习性的植物，这是必须遵守的哦！罐头瓶也尽量选择大一些的，口也要大一些，透明度要高。

❶因为罐头瓶底没有漏水眼儿，所以一定要先放一层防腐石，防止植物根腐烂。

❷为了营养和透气，再放上培养土和川沙。

❸把婴儿的眼泪分枝，注意不要伤到根部。

❹把罐头瓶里的土挖个小坑，把小植物用筷子夹着放进去。

❺把周围的土尽量盖在植物根上面，再把一朵或几朵小花连根一起放进去。

❻用筷子把苔一块一块的放进去，压紧，让整个植物立起来，调整角度。最后浇水、喷水，擦干净瓶子周围。

❼为了让罐头瓶看上去更杂货风一点，还要用印章、印泥、空白标签、麻绳进行一下小装饰哦！

❽把婴儿的眼泪的英文名字用字母印章盖好※其实最后的字母 L 后面还少了两个 i，地方不够了，为了美观，只好写错误的单词了，小朋友们可不要学哦^ ^。

因为这次选择的植物阴凉和阳光的地方都喜欢，
所以无论放在卫生间或是厨房都会很漂亮，
也不担心会枯死。当然，也可以摆在阳光下，
阳光的照射会使罐头瓶子发出亮光，
让里面的植物看上去更加清新自然。

那么，一起进瓶子里去逛逛怎么样？

もし森ガールが本当に森に入ったら

当森女真正进入森林

アサイ / text & photography　张洋 / translator

／森女——“好像会出现在森林中的女孩子”——这一概念对我们来说已经太熟悉了。而我们脑海中的画面无非就是“在可爱的小熊和松鼠的包围下，阳光透过树杈暖暖地洒在她的身上”之类童话般的场景。然而，当那些被称为“山男”“山女”的野外运动爱好者们谈起森女时，我们不难发现他们语气中难以掩饰的不屑之情——没错，仿佛在对森女们说“你们可别太小看森林啦”。

／那么，如果一名森女（事实上是穿着森系女装的森男）以一身治愈、宽松的森女装进入森林时，到底会发生什么呢？“实践出真知”，在准备好女装一套、飞往北海道森林的机票一张以及一颗坚强的心后，请大家拭目以待特别真人秀节目——“当森女进入森林”。

01

主人公终于登场啦！
先来一张背面照保持神秘感

02

“嗯，大家好！今天这一身主要的亮点在于雪纺质感的上衣和花纹长裙的搭配哦，此外还点缀了一些小挂件什么的，还有这个漂亮的竹编包包可是我买来蕾丝花边亲手缝上去的哦 (☆ ^O^ ☆)。”

为方便起见，我们就叫她森林小姐吧，
那么今天森林小姐选择了怎样的一身打扮呢？

03

“啊，这儿有一棵胡桃树呢！”

04

“赶紧抱抱它，要快快长大哟(・ω・)！”

05

“在大树底下玩捉迷藏也是森女的乐趣之一”，没错没错。

暖暖的阳光穿过枝桠洒落在身上，森林小姐看上去非常地享受呢！

06

悠闲地走了这么久，也该做点正经事啦！那么，说到在山中该干的事就会想到伐木※额，这个逻辑真的通吗？，今天作为森女来到这里，森林小姐的任务自然是要体验真正的森林生活，那就先从最基础的开垦工作开始吧。

07

“我准备好了哦！你看，在我可爱的包包里装了一把砍柴刀呢！”

09

哇，森林小姐看上去真是干劲十足哎！不过话说回来，虽然你特意准备了可爱的手套，但是砍柴刀的刀柄可是很滑的，建议你还是直接用手拿哦。

08

好啦，不管怎么说就请随意地开始吧！“呜哦哦哦哦哦！！！”咦，怎么好像听见了男人的叫声，错觉，一定是错觉……

10
“哎呀，被藤缠住了啦！”我就知道，因为在这里阳光照射充足，所以这种藤蔓植物就会长得十分茂盛的哦。

11

“我要再挑战一次！”

12

森林小姐，我知道作为森女代表你想好好努力一下的心情啦，

不过那个，你今天特别推荐的花裙子……

13

貌似被你刚刚砍下来的那些树枝拽掉了哟……

14

啊，好像终于发现了。“哎呀，我的裙子……”啊，表情是不是太恐怖了……

15

“我累了，还是出去休息会儿吧。”森林小姐决定往森林外面走，啊，小心那边……

16

森林小姐！你，你还好吧？“人家腿上好痛哦……”啊，仔细一看斜坡上长的都是荨麻呢，果然在森林里还是不能光腿走路啊。

17

18

虽然有点狼狈，不过总算爬上来了。

准备迎接第二次挑战！这次是链锯！

整理一下心情※是不是衣服更需要整理一下……，这次我们准备了砍伐树木时必须要用到的链锯。“不知道这棵树多少岁了呢？”根据我们对树木生长速度的了解，恐怕长了10年了吧。今天需要锯掉的是一棵盐肤木，不小心碰到树汁的话可能会过敏，要小心哦。

19

20

“先戴上头盔好啦。”防噪音的性能也十分强劲哦。

21

在学习了使用方法之后，让我们正式开始吧！“就是要干掉这家伙对吧？”没错，交给你啦，森林小姐。

22

哇哦！链锯转动起来的声音好吓人啊。“好痛好痛，有东西飞溅到我的腿上了啦！”那当然是锯掉的木屑啦，所以，一般工作时都要穿长裤才对。这可是很危险的，听话的姑娘们可千万不要尝试光腿使用链锯哦！

“太棒啦，搞定！”不愧是高科技产物，速度真就是没得比啊！

23

24

赶紧趁着势头挑战第二棵吧。

25

“啊！”怎么了，怎么了，又发生什么事啦？

26

“人家的裙子和包包被压在树的下面了啦……”

27

那就得靠你自己啦。这下可以记住了吧，在砍树之前要先确认树会朝哪个方向倒下，再看看周围有没有其他东西。

28

“好吧……一、二……走你！”森林小姐，你的力气还真是不小呢！

要准备离开森林啦，在经过了一整天与森林的亲密接触后，我们来看看森林小姐现在怎么样吧！

29

链锯操作终于顺利结束了，可是是不是弄得太脏了点呢。“啊，袜子完全变成黑色了……”

30

包包上的花好像掉了一朵啊，膝盖上也都是泥巴……

31

袖子怎么脏成这样了？还有蕾丝边上勾着好多小树枝，

32

洁白的外套颜色好像已经不大对头了啊……

33

当然，裙子很早就被拽破了，所以已经脱掉了。

“我再也不想来森林了……”
哎呀，不要这么说嘛。我们还是希望你来森林好好享受一下大自然的，不过下次记得要换上一身合适的衣服哦！
“那应该穿什么样的衣服？”

34

嗯嗯，就知道你会这么问，那么就再来展示一下什么样的服装才适合进入森林吧！

夏季要注意的就是尽量减少露出皮肤，防止蚊虫叮咬和草木划伤。据说不能穿黑色的衬衫是因为容易引来蜜蜂。有了这套装备，森林小姐你一定要再来森林游玩哦！

35

那么，下次森林再见吧。

解读"当森女真正进入森林"

／如果以上的照片能博大家一笑，那么"当森女进入森林"这一真人秀也算有了价值。不过对于我来说，更重要的是通过这胡闹一般的策划，对森女、对森林都产生了更深入的认识。

／那么，还是从森女开始说起吧！

／"穿着松松垮垮的毛线衣""很喜欢复古风格的饰品""喜欢圆头小皮鞋""随身带着照相机记录点点滴滴的生活"……如今人们对森女的印象不外乎以上提到的几条，然而当我们真正去森女的起源地—— Mixi 的森女版块，就会发现，其实森女一词根本没有什么准确的定义。

／"你打扮得好像会出现在森林里的女孩子哦！"朋友无意间的一句评语，森女的诞生仅此而已。

／当森女之风忽然之间席卷了大街小巷，几乎满眼都是飘飘长裙、薄薄雪纺、细细蕾丝，我决定回到原点重新琢磨这句"好像会出现在森林里的女孩子哦"的深层起源。于是我产生了两点疑问：

❶这里的森林指的是什么样的森林呢？

❷森女又是以怎样一种状态出现在森林里的呢？

／那么就先从森女杂志的照片里寻找线索吧！当我仔细观察那些被读者们奉为神图的照片后，得出了几点结论：

❶照片中出现的树林树木密度往往较低。

❷植被生长并不十分繁盛。

这时，一个念头忽然闪过了我的脑海，果然在森女标准中发现了这一条——"希望能有去北欧旅游的机会"，如此看来，北欧是森女们心中的理想之地，那么就不难解释这些独具特色的森林景观了。

／北欧地区，就以芬兰为例吧，由于几乎完全属于北方针叶林气候带，所以树木的种类十分有限。最常见的也就是赤松、白桦，偶尔也会有七度灶、白杨、杜松等。低矮的灌木类植物十分稀少，放眼望去视野十分开阔，十分适合在林中休闲漫步。而在日本要找到这般符合标准的森林，需要到东北或北海道地区去好好探索一番。

／那么，由此得出结论一：对于森女们来说，一个森林是否吸引人真正重要的不是"地域、树种、气候"之类的传统要素，而是"光线""看上去容易行走""好像有小动物、小妖精栖息着的氛围"……这些才是构成一个"森林"真正重要的因素。

／解决了森林的问题，让我们来看看所谓的"出现在森林"是以怎样的一种状态出现的吧。

／既然是"出现"，说明了之前是并没有在这里的，这是一个从无到有的过程，在这种场合，"好像会出现在某处"似乎也可以理解为"适合出现在某处"的意思吧。因此，森女指的当然不会是森林中的原住居民，也不是为了砍树什么的进入森林的工人。她们是"出现在被自己美化了的森林舞台之上的、渴望清新脱俗生活的潮流爱好者们"。

／还是将目光再次拉回森林吧。如果你随便问一个日本人"你心目中的森林是什么样的？"或是"听见森林二字你的第一印象是什么？"，得到的回答一定是五花八门。不仅仅是因为地理条件的差异，每个人心中都有自己的一片森林，另外，在日语中，森林给人们带来的遐想也是无边无际的。

／日本的森林覆盖率高达 70%，其中又有将近 70% 是山地。历史上，他们的祖先就是在这些深林里靠着捕鱼、伐木为生的。作为赖以生存的场所，人们自然而然产生了对于山林的敬畏与信仰。而在一定程度上，山林也成为了人们脱离现实生活的"异界"。踏出人们熟悉的村子进入森林，繁茂的枝叶下花草丛生，幽幽的阳光，潮湿的空气，白茫茫的雾气缭绕让人看不清前方。而在看不见的地方还有飞虫、蜘蛛甚至毒蛇潜伏着。如果硬要说一个印象，"阴暗而神秘"，或许这才是生活在都市的我们对森林最原始、也最真实的印象了吧。

／虽然一边分析一边吐槽，但说到底，我还是喜欢森女的。将心中的森林打造成一片"充满阳光充满爱"的地方有什么不好的呢？而能将这种印象上升到时尚角度并被世人所接受，这更是一件非常了不起的事。而同时，我也发自内心地爱着我们真实语境中的森林。即使它们或许有些阴森，有些可怕，有些让人摸不着头脑，但那种千百年来酝酿的庄严与神秘永远都不会被人们所遗忘。因此，我的这次小胡闹绝没有任何轻视森女的意思，森女与森林在对"森"的定义上虽然不完全一致，但也绝不是两个对立面。正是因为这样一些和而不同的概念的存在，森女与森林的形象才会变得够立体，更真实，更令人着迷。

杂货精神

张洋 / text

／什么是杂货精神？就是杂。杂而不乱，杂而有范儿，杂得赏心悦目，杂得别开生面。所有的女孩子们一定都会理解，爱杂货，不是一种时有时无的心情，而是一种与生俱来的“渴望”。往往会有不懂风情的人望着那一堆手制的玩偶、铁皮的糖果盒、古旧的玻璃杯和木质小模型说，“你要这些做什么”？做什么？不做什么，它们的存在即是愉悦，它们的出现即是恩赐，看着它们，拥有着它们，从心底爱着它们，即是我们的杂货精神。

JAM POT

地址：大阪市北区中崎 3-2-31
Tel & Fax：06(6374)2506
官网：http://jampot.jp/

2004 年 6 月 26 日，“JAM POT”在大阪中崎町正式开张。这座小小的门面塞满了琳琅满目的小杂货，有店主亲自去法国挑选出的精品，也有专属艺术家们创作的独一无二的小玩意儿。不仅仅如此。每隔 3 个月，这里都会举行一次不同主题的小型展览——像开业 7 周年时推出的“白雪公主与七个小矮人”主题展、“点心屋”主题展、“穿靴子的猫”主题展、“小红帽”主题展等等，每次来到店里都有新的惊喜、新的故事在等待着人们去发现。

就是这样一间凝结了店主梦想的小店，从最初的默默无闻一步一步走来，走向大型商场的展台，走向学生满屋的手工教室，走向越来越成熟、越来越自由的艺术殿堂……就像它的名字一样——“JAM POT”，它就在那里，小小的不起眼，一打开才发现里面满满都是快要溢出的温馨与香甜。

benlly's&job

地址：石川县金泽市新竖町 3-34
Tel & Fax: 076-234-5383
官网：http://www.benllys.com/

BENLLY'S&JOB 的店铺于 1997 年开业于金泽市新竖町，数来竟已经过了十多个年头。这间以杂货为核心的小小店铺还经营着从世界各地搜集来的精美文具、装饰品及时髦的工艺品。只要是值得人们喜爱的小玩意儿，不分国籍、不分地域、不分文化，统统都能在这儿找到。正是这种“海纳百川”的姿态形成了今天的 BENLLY'S&JOB，推开店门，出现在你眼前的是一个充满了异国风情的小天地。

杂货 さくら

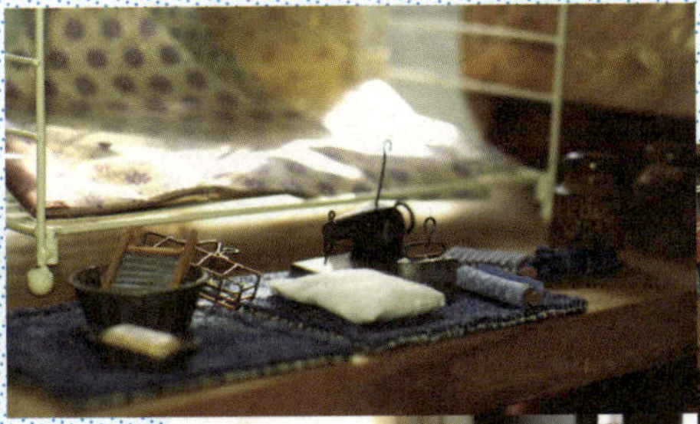

地址：石川县金泽市新竖町 3-34
Tel & Fax: 076-234-5383
官网：http://sakurazakka.com

日本杂货店虽多，但每间店铺总会有属于自己的独一无二的特色小物，正如这间坐落于日本南端冲绳县小岛上的杂货店“さくら”。以小岛风情为主打的小铺，无论对于当地人还是游客都是了解这座小岛不可多得的选择。

与那国的织品、草木染的手工制品、用冲绳的月桃纸做成的小卡片、以岛生植物为原料制作的手工皂……さくら就建在店主家边的小屋中，“自然之美”是冲绳人们最珍贵的宝物，也是这家小店最想展现给人们的梦幻空间。

CAYHANE
part 1

地址：〒 231-0023 横滨市中区山下町 185
Tel: 045-662-8787
官网：http://www.amina-co.jp/cayhane/

从远处一眼望去，就知道CAYHANE绝对不会辜负它老字号民族风杂货店的美名。

五花八门、色彩斑斓、堆满了店内以至于溢出店外的杂乱风格，和日本一向的小清新格格不入，颇有东南亚地区集市地摊的气场。

CAYHANE，这个怪怪的名字源于土耳其语的“寄合茶屋”——也就是我们中国的茶馆，比起喝茶来，更是三五个好友小聚一下谈天说地的地方。而1978年5月，这座开业于横滨中华街的CAYHANE虽然没有茶喝，但却汇集了印度、巴黎等世界各国气质独特的杂货制品，名副其实热热闹闹的“大杂烩”。而在保留了当地风格的基础上，对于日本“自然美”的融合，也使它更容易被人们接受，时不时推出的原创商品更是吸引了一批定期光顾的忠实顾客。

こころのたね
非实体店铺

官网：http://koko.milkcafe.to/

“手工制作，就是一个将无形化作有形的过程。而尽管每个人的想法不同、力量不同，但最终完成的作品都带有属于自己的独一无二的温暖。就像心的种子，或许没有形状，但我相信终会收获许许多多的幸福。”

店主的这一番话不仅仅说明了这家こころのたね的信念，更说出了所有手工爱好者们的心中所想，哪怕没有空间招揽顾客，哪怕想要的商品总是缺货，哪怕邮件回的人晚，哪怕新创意推出的人慢，但是谁会去奢求这样一间用心去经营的小店——你爱这里的小玩意儿吗？爱。这不就够了！

AMULET

地址：〒 130-0002 东京都墨田区业平 5-7-2
Tel & Fax: 03-6456-1172
官网：http://amulet.ocnk.net/

不知是森女的流行引起了手工热潮，还是手工的美感造就了森女的今天，2009年手工制作杂志《くりくり》一经上市就俘获了无数读者的心。而推开这家名叫AMULET的小小杂货店的门，高高的展示架上堆满了各式的小饰品、编制衣物和手作包包，一看似乎和别的杂货店没什么不同，而这里正是《くりくり》的正牌编辑部，它真正的诞生地。

每当节日将近，AMULET的店主总会请来《くりくり》的50多名手工爱好者们将他们的新作集合到这里，举行一次小小的艺术展览，开个热闹的杂货party，当然，如果你的运气足够好，也能挑选到刚出炉热烘烘香喷喷的手工制品。

／杂货店遍地的日本，每家店都有它的故事，每位店主都有它的梦想，每一件商品都有它的理念，而我们只能展示出极少极少的一部分。闲来无事之时，不如走进一家貌不惊人的小店，聆听一段杂货们的窃窃私语，做一个午后冬阳般温暖的长梦。

自然的状态最动人

访东京吉祥寺的纺织工坊—— Jota

姚远、诗音、小雅 / text
姚远、Jota/ picture courtesy

Jotaの手作り工房

街角的现磨咖啡店里飘出的浓郁咖啡香；巷尾旧书屋里悠悠流淌的一曲法国香颂；捧着鲷鱼烧匆匆而过的大学生；绿荫遍布的井之头公园湖面上荡漾的小船……这些能够让人感受到轻松和温馨的元素，构成了东京吉祥寺独有的风格和气氛，同时也让这里成为东京亚文化的发源地。离吉祥寺车站不远，可爱的手工纺织作坊—— Jota，更是充满了温暖的怀旧气息，柔软的木质地板、雪白的墙壁、堆满各色纺线的架子、曾在英国小学使用过的织机前摆放的小木椅。年轻的城达也曾经放浪世界，而现在，他成了这间温馨的小作坊受人尊敬的主人。

与色彩鲜明的毛线一道，近 20 台编织机进入了视野，仿佛静静地在那里等候纺织者们的到来。Jota 是间教授织布的小作坊，谁都可以自由参加。在作坊里埋头作业、精心编织的，有 20 出头的女学生、也有年逾七旬的老妇人。虽然只是穿线、反复填塞的运动，可是手脚平衡的把握却意外地难。可以故意织得很松，让线在最后也没穿成，或把别的线夹在布中间等，也可以按自己的喜好、自由自在地编织。“不用头脑考虑，而用身体制作。只有一个完全的独创，既无范本也无正确的答案，更没有失败。”店主城达也如是说。

Jota 纺织工坊，最特别之处是使用“SAORI 编织法”，这是城达也的奶奶——城美纱绪在 40 年前创造的。SAORI 编织法没有严格的规范，谁都能轻松学会、随意发挥，尽情表达自己的感性，织出十人十色的作品。城达也总是默诵 SAORI 的四要点：不模仿机器，从机器和人的不同点来考虑；绞尽脑汁地去冒险；要有好奇心；大家一起轻松愉快地学习。他声音浑厚地告诉大家，其实归根到底，即是特别强调创作时“自由感”的重要性：“就像人工绿化和自然森林，哪个更能让人感觉放松呢？在我看来，植物也好，人也好，都是在自然的状态下最动人。”

1968 年，大阪成立了手工织布公司 SAORI。当时 57 岁的家庭主妇美纱绪，把 3 个孩子培养成人后，开始发挥自己的兴趣特长，尝试手工织布。当时，她原本打算为自己编织和服腰带，却灵机一动创作出了 SAORI ——这种打破传统规范的自由编织法。SAORI 主张选线调度全跟随自己内心感觉，强调差异之美，也希望藉此带出和谐共融之意。由于这种与以往完全不同的崭新的思维方法，编织出来的布虽不完美，却以独特的气质吸引了街道的吴服店，城美纱绪也因此从专业主妇，变成了SAORI编织法的传道人。

SAORI公司秉承了美纱绪老师的名言：不用教、不用样板、自己想怎么织就怎么织。他们致力于助人发挥个别创意，使得织布者的自我表现能得到实现。东日本、东海、西日本每月都举办纺织界的例会，会上有SAORI指导者的讲座，把感性认识运用到手工编织之中。SAORI还积极开展“残疾人就劳开发支援事业”，通过举办“残疾人起业讲座”，与“企业组合”进行联合，对制品进行市场开发，支援残疾人就劳开发事业。以残疾人的艺术发表为中心，每年还在日本全国各地开展“珍藏的艺术节”，甚至还和美国的残疾人群保持着紧密的联系。

目前，北起岩手县、西至福冈县，扶桑列岛能够体验SAORI编织法的工坊，多达16处。世界唯一的特别艺术性织物、和机器大量生产截然不同的织物，源源不断地从这里诞生。所谓的“织物”是指采用编织、针织、刺绣、纺纱、绗缝等技术，利用线和布料所创作的立体或平面的各种手工艺品和艺术品。而SAORI另一个吸引人之处，就在于对环境的关爱——日本的纺织工厂会将剩余的线当作废品丢弃，而SAORI公司从中挑选出丝、棉、麻等高品质的线进行收购，不仅顺应再生理念，变废为宝，同时也大大丰富着纺织工坊里的素材种类。

Jota是SAORI编织法工坊中，最有特色的一间。2007年，城达也买来油漆，和同伴们亲手刷好墙壁、地板。阳光透过巨大的落地窗，洒在墙边那排满五颜六色纺线的木架上，织布机发出的节奏仿佛背景音乐般令人心神宁息。顺应季节的变化，织布也选择不同的素材：春夏可以是清凉柔软的棉或麻，秋冬就改用暖和的山羊绒。这些织好的布可以制作衣服、围巾、手袋以及各种小物，做成什么颜色款式，完全由每一位纺织者自由发挥。

初次体验SAORI编织法的步骤如下：先从架子上挑选自己喜欢的颜色和手感好的纺线，将它缠绕在线圈上，并将线圈安装在梭子里；踏板上的右脚用力，使得梭子从纺线与纺线的缝隙间从右向左滑动，并拉横轴，使得横线被编织进去，横轴拉得紧，布质就硬挺，反之则松软；重复上面的动作，直到用完织棒上的纺线后，换一种新颜色再重复进行，这时，可以将自己所喜欢的毛线等，穿插到纺织的过程中，这样生成的质地便相当有趣；使用各种不同色彩、质地的纺线，按照自己所感兴趣的时机插入，即便是初次体验，4小时也能织出不错的围巾呢！

编织出充满自然气息的质地后，经过缝纫、剪裁，可以做成裙子、围巾、杯垫、提包、日记本封面、和风腰带等等，不仅点缀了自己的生活，还可以赠送给亲朋挚友，共享自己辛勤手工的成果。2012年11月1日到12月2日，城达也还组织吉祥寺的部分艺廊、工艺品店、咖啡店，联合举办了一个名为“织物节”的活动，献上一场具有吉祥寺独特风格的“织物品盛宴”。“线”字（日文“糸”）和吉祥寺的“吉”字在一起便成为了“结”字。无论是来到吉祥寺游玩的人，还是在这里举办展示会的人，通过这次的活动而联系在一起，生出一段美好的缘分。

在活动过程中，多位纺织品艺术家展示和出售自己的作品。“手织工坊Jota”主要召开工作室成员的作品展，展示和销售手织开司米围巾和衣服等。Atre吉祥寺也展开了研究会的职员展。在A. K. Labo的咖啡空间，Jota工坊职员阿部由布子的首次个人展隆重举行，观众可尽情欣赏饱含SAORI编织法的创意作品。而看完这些展览后又可在咖啡店里，一边欣赏城达也先生的平板编织展，一边品尝咖啡店原创的织物节期间限定的线轴型的甜品。它们看起来松软又小巧，味道一定不会令你失望！在这迷人的吉祥寺，Jota营造了一个温暖、自由，充满艺术气息的世界。

附录 "SAORI 编织法"初体验！

感谢 Jota 工坊的主人城达也先生对这部分内容的提供。此部分内容来自于城达也先生监修的编制教程《今日も自由に、織る——手織工房じょうたが提案する、"さをり織り"の本》，由玛丽亚书房股份有限公司（株式会社マリア書房）2010 年出版发行。

1

挑选喜欢的线

从令人眼花缭乱的线架上挑选自己喜欢的织线。刚开始的时候，不用太介意质地是棉还是羊毛，尽管挑选手感好的、颜色中意的线吧！

2

把线缠绕在线圈上

一边转动右手边的把手，一边将挑选好的线卷一点点地缠绕在线圈上。

3

将线圈装在织机的梭子上

将梭子的芯棒垂直，再将线圈插进芯棒。之后，把它们放入梭子的沟槽中，把梭子安装回织机上。

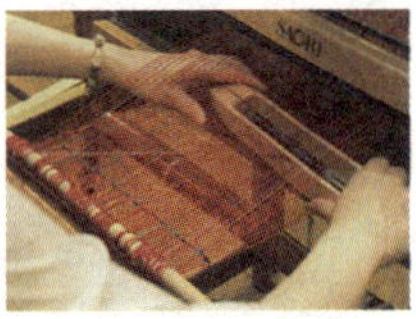

4

将梭子在线的空隙间来回滑动

两只脚放在织机踏板上，用右脚踩踏板，同时在线的空隙间从左到右地滑动梭子。

5

将织机的杼往身体方向拉

将杼拉向身体方向，就可以横着织进一根线。用力拉织得紧，轻轻拉织得松。

6

重复同样的动作

重复步骤 4、5 的动作。想换线的时候随时都能换，不用介意线圈上余线的数量。

7

试着换换线的颜色

织布的过程中，可以看到线慢慢地变成了布的样子。接下来换黄色的线试试！

8

插入些喜欢的小东西

在线的空隙间插入用手撕碎的羊毛。感觉很可爱！

9

到底要织进多少颜色的线呢？

紫色、黄色、白色……想尝试的颜色太多了，干脆都放进去看看吧。到底能织出什么样的披肩呢？

10

把茬出来的线剪掉

终于织到一条披肩的长度了。一边织一边接受职人的检查，剪掉茬出来的线。

11

结账

织布体验一日收费 3500 日元。再加上材料费。根据织出来的东西的重量计算材料费。我这条披肩大约要花 1000 日元材料费。

12

七彩披肩完成啦！

人生第一次织布的我，只需花 4 个小时就织好了一条披肩！※竖线一般是黑色。这次为了摄影的需要，特意选择了醒目的红线。

宫崎葵：森的意志，都在她的目光里

胡智敏 / text　earth music & ecology / picture courtesy

乍眼下甜美的乖乖女，娃娃脸搭配恬静的发型，安静悠然。当眼光扫过她的容颜，却不觉被她的双眸吸引，宫崎葵散发的宁静中，坚定地透着倔强。

正如森女的精神和意志，在清新自然的随和感背后，是可爱的女孩们坚持自我、彰显个性的执着与信念。

宮崎葵：
彼女の瞳に映る「森」

宫崎葵与她的相机

若论美貌，宫崎葵没有令人如惊鸿一瞥般记忆深刻的容颜。成名作《NANA》中也只是邻家女孩个性的角色，性格普普通通，外形没有中岛美嘉饰演的娜娜抢眼，服装等也继承了最普通的日本女孩特色。然而奈奈那平凡的乖巧里却因一份执着和灵气让人记住了这张年轻倔强的娃娃脸。宫崎葵的气质赐予了奈奈鲜活的生命与表情。

作为演技最好的85后日本女演员之一，对角色的精准领悟很大程度来自于宫崎葵的纤细神经与敏锐洞察力。宫崎葵私下是个细腻的文艺青年。家中拥有十部以上相机的她，是个不折不扣的摄影狂热者，胶片时代宫崎葵就曾自己尝试冲洗照片。同龄的艺人中，香椎由宇和黑川芽以都曾透露自己是宫崎葵摄影的粉丝，为此她们还特意去买了跟她同一款的相机。

宫崎葵喜欢用相机记录生活，走过之处喜欢记录精彩瞬间并珍藏为永久的回忆。这些珍贵的人生轨迹被小葵印成照片，并贴在本子上，通过简单的文字描述做成写真日记。日本、韩国的多款知名相机品牌都愿意找这位清新无添加的文艺女优代言自家产品。而宫崎葵对摄影专业知识的理解与自身高超的摄影技巧更是引领了日本女孩子们的摄影浪潮。做像宫崎葵一样，用照片记录并解读人生的独立女孩子，成为森女们追逐的对象与生活方式。她代言的相机自然也成为森女们热衷购买的摄影产品。

棉麻的短裤对大部分森女来说稍显露肉过多，但仿佛下一秒就去探索自然的态度却都在这样一条短裤中展示无疑。森的意义该不仅是做仿佛森林中的摆设那么简单，探求未知自然的好奇与冲动，以及独立的女性观念，亦是森的引申内涵。

有时候，森还会跳脱出服装的理念，固化为人们日常的一种生活方式。没有飘逸的花色长裙，也没有复杂零碎的饰品，简单的裤装、上衣、毛线帽，孑然踏上未知的旅程，也不失为最富森味的修行。

宫崎葵与她的棉麻装

清纯如晨风般的宫崎葵，也喜欢清新舒服的天然材质服装。棉裙上民族元素点缀裙摆，浅色调为主的色系搭配，嵌透着阳光的质感、青草的芳香。舒适柔软的面料，再时而搭配些自然的花色与图案，衬托着小葵少女气质的清裸妆容随性清爽，发丝的轻盈跃动，整个人洒脱性感中透出自然的女人风味。

彩色的连身长裙是最优美的必备森服，全棉材质，图案采用民族风印花，森林系的感觉背后，还包裹着浓厚的文艺气息。

背带裤往往象征着轻文艺和小童真。森女也并非裙装莫属。复古圆点的设计把人拉到了二手古货店里，鲜艳的颜色搭配召唤着北欧的童话：小葵童颜下倔强的眼神演绎着森女如诗般的幻想与内心渴望的沉静。

通过2001年上映的电影《害虫》，宫崎葵获第二十三回南特三大陆电影节最佳女主角奖。

2003年宫崎葵通过《小王子》首次登台主演舞台剧，获第四十一回金箭奖舞台剧新人奖。

宫崎葵于2005年主演《NANA》中的奈奈一角，电影票房破40亿日元，《NANA》成为80年代以来日本电影动员人数最多、国内票房最卖座电影之一。小葵的清纯形象深入人心。

2006年主演NHK晨间剧《纯情闪耀》，收视率达到19.6%。由此该剧成为自2003年《心》之后又一大作。宫崎葵也凭此获得第五十回日剧学院赏最佳女主角奖。

2008年宫崎葵出演NHK大河剧《笃姬》，以22岁零1个月的年纪出演，打破大河剧历史上最年少出演的纪录。宫崎葵和《笃姬》亦大热成为社会现象，《笃姬》成为十年来收视率最高的大河剧。

2007年6月15日，宫崎葵与交往7年的男演员高冈苍甫结婚。2011年12月28日，离婚。

在雅虎日本的BBS上网友对宫崎葵的评价中能见到最多的评语是「童颜」，其次还有「可爱」「演技好」「纯粹」「诚实」。

宫崎あおい PROFILE

出生地：东京都
出生日期：1985年11月30日
星座：射手
身高：163 cm
职业：演员、模特
事务所：Hirata Office
家庭成员：高冈苍甫（前夫）
宫崎将（兄长）
好友：苍井优、栗山千明、
Becky、瑛太等
爱好：摄影、购物、陶艺、
收集文具（特别是明信片）
特技：插画、美甲、在任何地方
任何状态下都能
睡着（包括站着）

宫崎あおい FEATURE

宫崎葵4岁出道，穿着美丽裙装拍摄广告；12岁拍摄人生的第一部电影。15岁通过《shin-D“Girl”》第一次担任女主角。

在2001年公映的电影《人造天堂》中宫崎葵摘得第十六回高崎电影节最佳新人奖，及第十一回日本电影职业大奖新人奖励赏。电影本身也获得第五十三届戛纳国际影评人费比西奖及天主教人道精神奖。

森ミュージック

特集●森女

森系音乐

听她们的歌

张洋 / text & interview

彼女たちの唄

坂本真绫
Sakamoto Maaya

她是夏尔，她是春绯，她是电波系金星人小珊。她是百变声优实力唱将，她是担得了幕后登得上舞台的气质美人。从第一次作为声优出演动画就被当时的音乐监制菅野洋子选中而作为主题曲的演唱者，坂本真绫一步一步走来，除了幸运之外绝不可少的是她独特的气质与灵气。她的天赋，她的努力，她悠扬水灵的歌声，从最初与菅野洋子合作时的神秘悠远、自然脱俗的空灵音乐，到今天治愈感满满的温暖小调，都是她带给我们的感动。你问更喜欢哪一个，别怪我们犹犹豫豫难以抉择，只怪每一首旋律都是动听，每一句歌词都是难忘，每一次坂本的演绎都是那么完美，让人感叹于每一次不同的相遇，都依然是我们最爱的坂本真绫。

南里侑香

Nanri Yuuka

还是用着老式 mp3 的年代，小小的内存装不了几首歌，要删掉她的歌时却总是迟迟下不了手。在多少个单曲循环着《晓之车》的夜晚，才发现本属于一个人的心情竟也是如此容易受外界的感染。无论你是烦躁还是紧张，懒散或者空虚，南里侑香的歌声总像是从另一个次元缓缓涌入心中。哀伤而不悲伤的，空灵而不缥缈的，平静而不枯淡的，像填补了心中空洞的温暖气体，无色无形，却仿佛讲述了一切。坂本真绫是菅野洋子的御用唱将，而南里侑香用她的歌声与梶浦由记圣歌般的旋律呼应着，向我们证明了天堂的存在。

新居昭乃

Arai Akino

成为一名艺术家是需要天赋的——新居昭乃向我们展示了这一点。小时候缠着父母买了钢琴，最终学会的却只有小奏鸣曲——因为从那时起她已经不再满足于照本宣科而更中意自编自唱，即便她还是个小学生。于是在音乐的陪伴下成长的新居昭乃，现在几乎从事着你能想得到的一切与音乐有关的活动，作曲、作词、演唱、伴奏……她凭借独特的深邃风格被人们记住，她的歌声与音乐总是自然而然被赋予“上品”的感官印记；她凭借难得的兼具柔美与穿透力的歌声被人们欣赏，又凭借源于生活的细腻情感将旋律刻在人们心中。于是我们再次明白，做音乐要天赋，要执着，要运气，要努力，还有最重要的一点——要把你的心融进去。

天堂歌者

手嶌葵

Teshima Aoi

我们往往将动听的歌声形容为如同天籁，而她的歌声似乎是真正的天籁之音，像阳光一般、雨露一般，从天而降，温暖地包裹着整个世界。

手嶌葵，1987 年 6 月 21 日出生在日本福冈县。

《瑟鲁之歌》——这首 2006 年由宫崎吾朗制作的动画电影《地海战记》中的插曲，或许是大多数人听过的手嶌葵的第一首歌，也是她的出道曲。凭借独特而空灵的歌声，手嶌葵这个听上去就颇有文艺风范的名字瞬间印在了无数音乐爱好者心中。

2011 年，同样是由宫崎吾朗监督的吉卜力新作《虞美人盛开的山坡》，手嶌葵再次用歌声惊艳了世界。幸福、忧伤、成长……在她的歌声中，一切都变得暖暖的、淡淡的。演唱会与电视节目的出演，让她逐渐体验到了作为一名歌手的忙碌生活，但世界越复杂，越是要保持一颗简单的心，这正是她的每一首歌想要传达给听众们的讯息。

因为自幼喜欢音乐，尤其是西方的经典电影配乐。2008 年她推出了自己的第三张专辑——《The Rose – I Love Cinemas》，同时也是“西洋电影配乐”系列的第一张。第二张《La Vie En Rose –I Love Cinemas》于 2009 年推出，因为收录的都是经典之作，所以直到今日这两张专辑都保持着稳定的销量。而 2012 年 12 月，她终于推出了这一系列的第三张专辑——《Miss AOI – Bonjour, Paris!》。那些让人过耳不忘的经典旋律在手嶌葵的重新演绎下，被注入了新的生命，那是只属于她的歌声，那是她的爱。

Christmas Son

2010.11.24

虹の歌集

2008.7.23

春の歌集

2007.2.7

ゲド戦記歌集

2006.7.12

The Rose

～ I Love Cinemas ～

2008.3.5

La Vie En Rose

～ I Love Cinemas ～

2009.10.7

Miss AOI – Bonjour,Paris!

2012.12.12

Collection Blue

2011.11.9

コクリコ坂から歌集

2011.7.6

○你是从小的时候就喜欢唱歌、喜欢音乐的吗？你觉得对你来说音乐是什么呢？

× 是的，我从很小的时候就很喜欢音乐了。因为父母的关系，我从小就经常听古典音乐、童谣，或是电影配乐之类的。尤其对电影配乐很感兴趣，而现在能够为自己喜欢的电影唱歌，我真的非常高兴。对我来说，音乐是伴随我长大的、生命中不可分割的一部分。

○我们所熟悉的你的音乐都是那么的纯净、自然，拥有治愈人心的力量，不知你的这种风格是一开始就存在的还是在慢慢摸索中形成的呢？你觉得这种音乐的魅力是什么呢？

× 其实每个人的歌声都是天生的吧。我觉得自己似乎从小唱歌就是这样的感觉。当然要感谢把我健健康康养大的父母。因为我喜欢简简单单的感觉，所以希望我的歌曲只用一台钢琴或是一把吉他来伴奏，能让听它的人们觉得温暖就好。

○你的歌声总是很安静，平时的生活中你也是这么安静的一个人吗？休息的时候有什么喜欢做的事，或是喜欢去的地方吗？

× 平时确实也比较安静，喜欢看看书、喝喝茶。除此之外，还非常喜欢游泳。有的时候有机会到各地去开演唱会，在不同的地方散散步、走一走也是一件十分开心的事。

○好的音乐往往能令人坚强，让人拥有力量，不知你一路走来有没有遇到过什么大的挫折，心情不好的时候会怎么排解呢？

× 心情不怎么好的时候我会看奥黛丽·赫本的音乐剧，然后跟着剧中人物一起唱歌，不知不觉心情就好起来了。还有，喝一些加了蜂蜜的红茶也能让人觉得心情平静。

○在中国，有许多的听众是因为吉卜力的动画而喜欢上你的音乐的，不知你喜不喜欢吉卜力的动画呢？其中有没有特别推荐的一部？

× 我从小就看吉卜力的动画，非常喜欢。因此能通过吉卜力的动画出道真的觉得很幸福。也因此能得到那么多的中国观众们的喜欢，我感到非常开心。吉卜力作品中的主人公总是温柔、自信而又勇敢，总能给我带来力量。其中《魔女宅急便》和《红猪》不仅故事十分精彩，配乐也非常地打动人心。

○从日本诞生的森女一词，随着时代的发展，代表的不再仅仅是一种潮流，更成为了一种生活方式。不知道你是怎样定义森女的呢？

× 我平时就比较喜欢穿浅色的长裙、白衬衫和手感很好的软软的毛衣。也很喜欢自己设计制作可爱的手工靠垫。我觉得森女是一种可以让女生变得更有气质的时尚。相信中国也有许多可爱的森女吧！

○能谈谈你对未来的想法吗？无论是音乐上的，还是生活上的。

× 音乐方面，我希望有机会接触许许多多不同类型的音乐人，将我的音乐带去世界各地。就个人而言，我希望能成为自己心目中出色的女性。

○最后，能请你对中国的歌迷们说一句话吗？

× 中国的朋友们，大家好，谢谢你们一直以来的支持。这次能够通过音乐和森女的话题和大家有所交流，我真的很开心。今后我会更用心地去唱每一首歌曲，希望能为大家带去更多动听的音乐。

二次元森女类型考

金鱼屋 / text

二次元から来た森ガールたち

／“森女”是一个出现时间很短的概念。06年初出现，09年才成为一个话题。森女主要是用来形容某种类型的女性着装，比如A字裙、复古花样、自然随意，“看上去好似生活在森林中一般”。作为动漫大国，森女这样一个极具时代特色的概念自然而然时常出现在日本漫画中，并且由二次元反作用于三次元。

羽海野千花作品《蜂蜜与四叶草》中的女主角花本育之所以被称为森女的象征，是因为一篇《日经商刊》※日経ビジネス 09年发表的文章。文中首先提到了女性杂志《Spoon》别册以森系女星苍井优为封面，大谈“森女A to Z”，进而成功打造了一个全新的热门话题。因为苍井优在真人版电影《蜂蜜与四叶草》中饰演花本育，这个原本出现在漫画中的女孩就顺势被推上了森女代言人的位置。

《蜂蜜与四叶草》是群像式的青春爱情故事。一栋破烂的男生公寓，接近10平方米的房间，不足5平方米的厨房，没有浴室，到大学徒步10分钟，房龄25年，房租38 000日元，朝东，早上阳光灿烂。没钱吃饭的时候等待学长带回来的炸薯饼，每天忙着上课、打工。这里有3个美术大学的学生：建筑科的竹本祐太、真山巧，雕刻科的森田忍。某一天三人来到学校，偶遇大学教师花本修司带来的亲戚家的孩子花本育。这次见面几乎立刻确立了几人之间的关系。外表像个小孩又怕生的花本育一直躲在修司身后，花本修司像父兄一般保护着她。单纯懵懂的竹本对

她一见钟情，拿出炸薯饼和她分享。怪兮兮的森田见到花本育立刻冲出门去，摘了个大叶子让她举着，边喊“克鲁波克鲁”※コロボックル 边猛拍相片。甚至他还套印脚模做成镇纸，开设专门放“精灵”照片的网站。早已有心上人的真山只是敏感地发觉竹本和森田的为伊心动，有些感慨。在中文版里，森田的比喻被翻译成了“小精灵”。实际上原文的“克鲁波克鲁”是阿伊努神话中的小矮

人，意思是叶子下的人。娇小的花本育的确是很符合这个形象，她怯生生地举着叶子的照片萌倒了很多网民，森田甚至可以靠网站点击率赚广告费。

花本育初登场时已经是油画科大一学生，合法萝莉，超龄美少女。因为外表长得像个小学生，她常常被人当作小孩对待。据作者介绍，她的原型是萩尾望都作品《波之一族》里的 Marybell Portsnell。小姑娘平时着装很符合森女的标准：蕾丝边宽松随意的裙子，可爱又不繁琐的装饰品，长发垂肩。她在艺术领域极有天赋，作品广受好评。故事中对她的才能有很出色的描写。几个朋友出去玩，在动物园看到长颈鹿的时候，有人打趣说，如果能见到恐龙，也就这么高。她双眼凝视着这种高大的动物，观察、感受、吸收、记忆，再把这些理解融入作品中。所以她的作品很有张力，弥散着强烈的生命气息。同样天生我才的森田虽然能力很强，却连着留级念了 8 年大学。他能够随手用酱油抹出水准很高的日本画，也能抬手就拉马头琴。

森田和花本育惺惺相惜却又互为敌手，在海外获得大奖归来也没忘记和花本炫耀一番。随后遭到花本的获奖证明还击，相互间皆露出赞许的神色。因为家庭原因，森田总是在拼命打工赚钱，所以这位在学校出场很少。为了表达自己的爱慕之情，他亲手织了条围巾送给花本育，并且顺势吻了她。连载时，“围巾绞杀吻”获得大批读者盛赞，这个镜头也成了漫画史留名的经典瞬间。几乎所有追连载的读者都认为两人理所应当地会走到一起。故事接近尾声的时候，花本育选择的却是一直不离不弃守护着她的花本修司。而总是与之若即若离的森田忍则远赴好莱坞，追寻自己的梦想。作者的这个安排令读者大感意外，纷纷惊呼“我猜中了开头，可我猜不着这结局”。

比较之下，竹本祐太就显得平凡许多。因为父亲早逝，他把自己的人生目标定为照顾母亲。母亲再婚后他可以为自己而活，却猛然间发觉自己的人生一片空白。因为手工不错，所以他选择离家念美大。临近毕业，却又迟迟找不到工作。竹本不似森田一般才华横溢，没什么吸引人的亮点，在情场上也不甚得意。好容易找了份工作，怎料没去上班公司就破产了。重重迷茫，步步憋闷。找不到人生出路的他一气之下骑着自行车游走日本，“寻找自我”去了。在撇下了生活的重压之后，他才注意到许多以往熟视无睹的风景，体会到长路独行所带来的艰辛和感动。这趟自行车之旅让他意外地获得了一份寺庙修复师的工作。重新审视自己，竹本终于成熟起来，找到了自己的定位和理想。毕业后他告别东京，来送行的花本育送给他一包蜂蜜三明治，里面夹着很多代表幸福的四叶草。想着小育费力地寻找四叶草的样子，回想着5 年与好友共度的时光，竹本忍不住泪洒衣襟。所谓青春，就是这般模样吧。

和竹本一样念建筑科的真山巧算是几个主角中最有常识的一位。理性，认真，处理人际关系也可以。大学毕业顺利就职，生活有板有眼。他非常珍惜大学时期和几个同窗共度的时光，也为心上人不愿接受自己而苦恼不已。他的同学里有个擅长陶艺的漂亮女孩山田亚弓，有时候会帮忙做一些订制陶器。山田暗恋真山，也知道对方早已心有所属。自觉告白无望，姑娘只是偷偷地望着自己的王子大人，竭尽所能帮他助他。这小小的女儿心思早被真山看在眼里，惹来许多烦恼在心头。

一次聚会上山田喝醉了，真山负责送她回家。月光皎洁，星光灿灿。酒醉的女孩哭着吐露心声。两人就这样一问一答，“真山，我喜欢你”。“嗯”。“喜欢你”。“嗯”。“真山，我喜欢你”。“嗯”。“喜欢你”。“嗯”。“超喜欢”。“嗯，谢谢”。 这一段简简单单的对白非常完美地诠释了单恋的无奈和酸楚，动画版播出的时候引得许多女孩深有感触，陪着山田垂泪。

羽海野千花的笔调是细腻的。她准确地捕捉到生活中能够打动人心的细节，并将之绘入作品。破旧的木造学生公寓，月底的清汤煮面，准备工作忙到深夜的学园祭，春天纷飞的樱花花瓣，夏季跌落的蝉，还有看不到终点的苦恋。伴随着时光的流逝，今朝昨日化为漫漫人生路上的记忆，只有那些伴随着青春深埋心中的感悟一直鲜明如斯。正因为这部作品记录的感情是如此生动真实且贴近生活，获得广泛共鸣也在情理之中。

矢泽爱创作《NANA》之前最著名的作品是《近所物语》。这部作品的主角是一个叫做幸田实果子的女孩子，长得像彼特潘身边的小仙女。虽然没有萤火虫般的明亮翅膀，但是她一样的纤细活泼，也算是位精灵系森女。《近所物语》讲的是一个少女追逐梦想的故事，同伴、梦想、青春、恋爱……该有的一样都不缺。实果子从小就非常特立独行。初中时不喜欢沉闷呆板的校服，就自己设计改动使其穿起来更适合自己，也更漂亮。这样的服饰违反了校规，她被停课反省。同班同学濑户非常羡慕她的耀眼和自信，偶有交谈的两人渐渐地成了朋友。实果子敢于挑战束缚，忠于自我，梦想着有朝一日拥有自己的服装品牌，让人们都能体会她身着漂亮衣裙的快乐。她穿着自己设计制作的，水果糖一样多彩又可爱的洋装，眼中闪耀着七彩的梦想。

这般景象深深触动了濑户的内心，是老老实实做一个单调乏味守规矩的好学生呢，还是勇敢地追寻心中多姿多彩的梦想？她开始审视自己的内心，那里有一个成为小说家的梦想。她没有勇气写出自己心底的故事，就把它们收藏在心中的盒子里。实果子追求梦想的热忱让她感动，于是她打开心中的盒子，让思绪天马行空、自由飞翔。她心中五彩斑斓的色彩从指尖涌出，化作稿纸上的文章，最后还获得了文学奖项。而实果子也考进矢泽艺校，开始学习专业的服装设计。她的人生由此展开了新的篇章，开始为了圆梦而愉快地学习。

实果子的青梅竹马山口薰是她的同学。两人年纪渐长，关系随之变得有些微妙。山口从小就喜欢实果子，但是他弄不清楚自己的感情到底是一种由熟悉产生的习惯，还是单纯的儿女之情。因为他们一出生就玩在一起，似乎看到的只有彼此。山口有些怀疑，自己的世界是不是太小了一点？如果彼此都有更适合的另一半呢？在一段小小的“恋爱实习”风波之后，山口确定了自己的感情。他造了一尊巨大的 berry 天使，让她感受自己心中的爱意。而实果子也终于懂得，只要自己坦白些、勇敢些，就能够和山口心意相通。故事接近尾声时，她创作的作品获得校庆第一名的殊荣，并且得到了留学伦敦的机会。只是这个难得的机会也意味着要和她的男友分离很长一段时间。一时间实果子难以抉择，甚至有意为了感情牺牲理想。山口一半要帅一半真心地劝她不要放弃梦想，最终促成实果子的远行。留学归来的实果子成为一名著名设计师，她自创的品牌名字就是当年和同伴们摆地摊时用的 HAPPY BERRY。

这个故事以所有人都找到了自己人生定位和梦想的童话结局收尾，其本身就像是美好的梦境。这种桃花源般的美好正是读者所期待看到的正能量，它带来的积极意义打动了许多人。甚至在 30 岁读者群票选的“最喜爱作品三十强”中都占有一席。

森女森女，森林之女。这森林也不只是绿影斑驳的茂密原野，也可以是洋溢着书香的知识丛林。矶谷友纪创作的漫画《书

香森林的梦想家》※本屋の森のあかり 中文译名和日版原名略有差异，原意是“书店森林的明里”，明里就是指女主角高野明里。高野是个喜爱读书的女孩，属于清新自然系森女。她在一家叫作须王堂的连锁书店工作，故事开篇她被调任总店，开始了磕磕绊绊的职业发展。

东京的总店有一个对谁都很好都很温柔的副店长寺山杜三，有一个长相英俊却毒舌恶质的同事加纳绿，还有位美术功底深厚的主任佐古琹。作为一部以书店为舞台的漫画，读者几乎可以触及书店工作的方方面面：正式职员和打工职员的关系；主题销售区的提案和设置（写 POP 推荐词什么的）；出版社、批发商和书店之间的往来；书店海外分店的设置步骤等等。

高野多少有点执拗。有人来找绝版书或者库存稀少需要耗费相当人力的书籍，她都热情相助，但是没同事帮手。因为“积极表现还不是想突显她多热衷工作”，“哪个要帮你出位”？虽然不被理解，虽然笨手笨脚，但是明里小妹妹还是努力再努力，并最终得到了他人认同和自身进步。男主角寺山杜三，35 岁，东大毕业，超级书呆子，一天能看 10 本书，一个月少说 300 本，月薪至少拿出 200 000 日元买书。因为对人和气，喜爱读书，个性看上去不错。明里小妹妹很快对他产生了好感并大胆告白，然后立刻被拒。沉溺于书香森林的寺山更喜欢与书中情节产生共鸣，获取感动。他并未想过与人深入交流，所以潜意识抗拒恋爱。而在两人你来我往的交往中，心与心的距离渐渐拉近，不知不觉间寺山发现自己已经爱上了明里。

冰川京子作品《来自远方》※彼方から 的女主角立木典子是一个普通的高二女生，因为偶遇爆炸事件而被冲击波卷入异世界。掉进树海，怪虫袭来。典子惊慌失措间被战士伊克救起。这个故事中的森女风格是异域民族系，立木典子很有种清新脱俗的感觉。故事中甚至还有她穿越迷雾森林，解救被困的灵魂的段落。这个积极向前、无惧危险的单纯女孩，还用她治愈系的温暖，帮助男主角摆脱了“天上鬼”的恶咒。

因《交响情人梦》而被广泛关注的二之宫知子推出了新作《87 超频者》※ 87CLOCKERS。这部作品里也有森女的身影。音大学生一之濑奏是个草食男，为人消极，毫无目标，生活没什么动力。因为路上两次偶遇赤脚站在公寓外的奇怪美女，忍不住上前询问了几句。结果被她拖进了完全陌生的诡异世界——“电脑超频怪人圈”。能让草食男都动心的女孩自然不一般，穿着打扮气质出众，很有种“青青河边草，窗外翦翦风”的琼瑶式清新。只是这位森女是个狂热的超频爱好者，让完全一窍不通的男主角难以应付。

以上诸位森女实际上都生活在城市中，并未实际接触森林。那些时尚杂志摆拍的范例，也无法提供亲近自然的真实形态。很巧，吉卜力工作室于 1997 年出品的动画电影《幽灵公主》※もののけ姫 提供了一位最最正宗的森女——由犬神抚养大的小桑。她面有刺青，身披毛皮，可以驭狼而行。而且完全适应了森林里自给自足的低碳环保生活。与城市系温室之花相比，这才是能治病、会打仗，洋溢着旺盛生命力的森女类型。

以木之名

枫木家具专门店 SERVE

／自然的、自由的、精致而不繁琐的、素雅而不寡淡的，将“森”的意识加以抽象，注入家具设计理念之中，就让我们以木之名，走进原创良品家具店 SERVE 的枫木森林。

／ SERVE ——就像它的名字一样，“为人们提供需要之物”。

／1988 年创业之初，这里只是一间修理古董家具、偶尔接受手工家具定制的小作坊。

／1991 年，以北海道原产的板屋枫为原料，SERVE 开始制作自己设计的原创家具。

／“人们能在日常生活中使用的良品家具。”——就是这句听上去简简单单的口号，支撑着 SERVE 一步步走到了今天，良品的意义包含了许许多多的方面，从木材的选取到造型的设计，再到精细的制作，同时考虑到是否便于人们的使用。如果有这样的家具在家中是否会让人觉得舒适？由于拘泥于以板屋枫作为原材料，所以有时即使拥有再好的设计，原料不够也没有办法得以实现。在这个消费狂热的时代，最珍贵的正是这种对每一个细节的执着、用心去”SERVE“每一位客人的意识。

／现在的 SERVE 在小金井公园和汤河原有两家分店。小金井店为总店，坐落于热闹的市民公园旁边，不失为一个闹中取静的休闲之地。

／与小金井总店不同，汤河原店将主题定为与自然共生。总面积 300 多平方米的店铺掩映在群山之间，毫不突兀地融入了自然之中。从店内放眼远眺，郁郁葱葱的美景尽收眼底。而店内独特的构造与装潢，更能让人们即使在室内也能深深体会到四季变迁之感。

CASA LUIS
BARRAGAN

／采用了传统和式设计的书房与卧室，带来的是一种无与伦比的安心感。

高橋 YOKO

高桥 YOKO：我不是“森女摄影家”！

私は「森ガール」写真家じゃない

特集●森女

／想到要采访高桥 YOKO，是因为《知日》要做“森女”特集，而她已经为森女的代表性女优——苍井优拍过 3 部旅行写真集。也正是因为如此，在各大摄影网站上，高桥 YOKO 被介绍为“森女摄影家”。没有人比她更适合在森女特集中出现了，怀着这样的想法，我给高桥女士发出了第一封邮件邀请，希望能对她森女摄影家的身份进行采访。很快，我就收到了回信。／但是，却不是我想象的那样……／ YOKO 在回信中否认了自己是森女摄影家。在她看来，虽然无法控制外界如何定义，但如果以这个身份接受采访，就等于自己默认了这个称呼。／于是，我只好忙不迭地给 YOKO 回信郑重道歉，并希望她能作为一名“摄影家”接受我的采访。这回，YOKO 欣然接受了我的邀请。／这就是此篇文章标题的来历。

文白白 / text & interview 高桥 YOKO / picture courtesy

○ YOKO 最初选择以摄影为职业的契机是什么？

× 最初是受到朋友的鼓动，我才开始拿起照相机拍照的。但是很快就发现，我特别喜欢手中这个充满机械感的黑色四方块。（笑）之后的事你们也就知道了。

高桥老师，这就是传说中陪朋友试镜，结果自己被选上了的桥段吗？

○网络上评价 YOKO 的摄影作品时，都会用到“有种静谧的力量，具有独特的色彩和表现”这样的形容，您觉得准确吗？您如何评价自己的摄影风格？

× 真的吗？我很高兴自己拍摄的照片能得到这样的评价。我也认为自己的风格在于色彩和色彩搭配，也许正是我对某一种色彩搭配的偏执，才得到“风格静谧”这样的评价吧。我从来不拍黑白照片。

○ YOKO 平时喜欢用数码相机还是胶片相机？

× 我的话，绝对是用胶片相机。虽然也会用到数码相机，但是只会在别无他法的时候才使用。比如说去年 6 月我还在旅行拍摄的途中，但又必须马上交照片给编辑，所以只好用了数码相机，然后把电子照片传给对方。我对数码相机本身没有太大的抵触感，只是觉得作为一个摄影师，又用胶片相机又用数码相机的太麻烦了，（笑）我喜欢给自己留出一些“不会”的空间

高桥老师，其实您想说的是“能者多劳”吧？

EN ESTE NEGOCIO
EL CLIENTE
ES EL... Nº1

〇我看了YOKO拍摄的《环旅格鲁吉亚》※《グルジアぐるぐる》，2009年出版**《Dandelion》**※《ダンデライオン》，2007年出版**《East Side Hotel》**※《イースト・サイト・ホテル》，2009年出版**这几部写真集，发现YOKO好像特别喜欢到俄罗斯和东欧国家取景，这些地方对您有什么特别的吸引力吗？**

× 是的，我对东欧国家非常感兴趣。这些地方之前的很长时期都像是被遮在一层面纱中那样，对于身处外界的我来说充满了未知感和神秘感，仿佛是"墙的另一边"一样。而且，我也特别喜欢这些地区的色彩，同样在色彩上吸引我的，还有美国的中西部等地。

〇 YOKO经常跟苍井优两个人一起旅行是吗？因为我看《Travel Sand》※『トラベル・サンド』，2005年出版**《Dandelion》《Portugirl》**※『ポルトガール』，2009年出版**这三本苍井优的写真集，都是在你们两人旅行的途中拍摄的。YOKO拍摄苍井优的契机是什么？能跟我们分享一些旅途中有趣的事情吗？或者有没有让你烦恼的事？**

× 契机是因为受到出版社的委托，想出版一本苍井优在异域的写真集，但是由于经费原因，只能负担摄影师和小优两个人的旅费，所以，这是一场两个人的旅程。小优是女生，摄影师当然也只能由女性担任了吧。（笑）

说起有什么烦恼的事情，可能就是我同时还要负起做小优的监护人的重任吧，所以在摄影之外，我也有很多需要操心的地方，一旦有什么差错，那可都是"大问题"，这点的确是挺让人"烦恼"的。（笑）

有趣的事情有很多，我之所以在需要负这么大责任的情况下，还这么多次和小优两个人一起旅行，就是因为小优性格特别地随和。我和小优就像学校俱乐部的学姐和学妹，彼此非常了解，她会帮我搬运行李和摄影器材，在火车上吃完了饭还会亲自洗两个人的盘子。

117
No Smoking

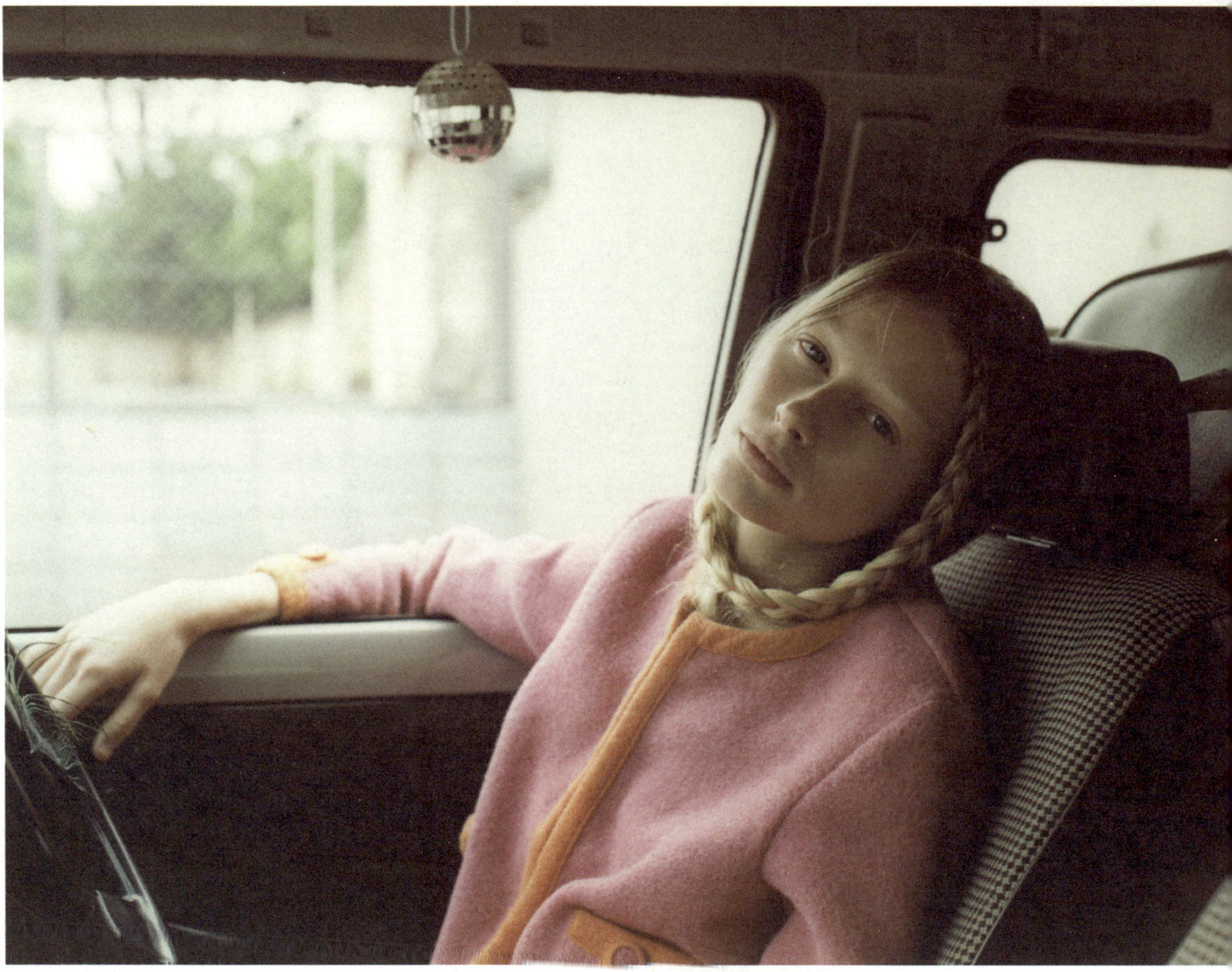

〇那 YOKO 有没有为苍井优拍摄第四部写真集的打算呢？有的话，下一次的旅行会是在哪里呢？

× 如果有好的创意和构想，我当然想为小优拍摄下一部写真集。目前，关于下一次的旅行还完全没有计划呢。

〇您为苍井优、池田香织、YUKI、新垣结衣、Chara 等日本女艺人拍过写真，在《海鸥食堂》和《眼镜》这两部女性题材的电影中也担任过静态摄影师，出过以电影剧照为模板的明信片，均受到热烈欢迎。为什么你的摄影对象绝大部分是女性呢？

× 这也不是我自己主动选择的结果，好像拍着拍着就变成以女性模特为主了。这也不是说我必须拍摄女性才行，如果让我来说，我更喜欢把自己定义为“中性”，这种状态是最让我安心的。

〇之前 YOKO 也提到，自己不是森女摄影家，那在您看来，森女摄影家应该是什么样的？

× 完全不知道。而且我觉得小优也不是森女啊……

〇 YOKO 的下一个作品是什么？能向中国读者们介绍一下吗？

× 当然可以。我现在居住在美国，最近正着手创办一个叫作《Ontario》的视觉杂志。已经出了第一刊了，我叫它“第零号刊”，我会继续做下去的。网址是 www.ontariopaper.com，欢迎大家去看看！

这是一次很“惊险”的采访，但也让我得到了一次可贵的教训。摄影师不喜欢把自己框死在一个固定的风格领域里，同样也不喜欢别人给自己定性。不仅是摄影师，也许从事艺术创造的人都有这样的诉求。创作是自由的，只有在无拘无束的环境中，并且永远保持谦逊的态度和好奇的心态，才能不断创作出好的作品。

普遍、そして永久

普遍即永恒

采访摄影师上田义彦

张洋 / interview & text 上田义彦 / picture courtesy

写真家上田義彦

／1957 年出生于兵库县、没有接受过专业培训的他，全因爱好而选择走上了摄影道路。1980 年至 1981 年，上田义彦先后从师于著名广告摄影家福田匡伸和有田泰而门，1982 年迅速成立了自己的摄影工作室。毅然投身于竞争激烈的日本广告摄影界的他从未迷失自己，始终坚持自己的风格。他相信终究会有一天，那些认为他“特立独行”的人们会明白，他的坚持、他的执着，都是为此刻的成功而深深埋下的种子。／走进上田义彦的世界，那里很安静。

at Home
Yoshihiko Ueda
MIES VAN DER ROHE
PHOTOGRAPHS BY
YOSHIHIKO UEDA
QUINAULT
Yoshihiko UEDA
Edited by Yoshiaki NISHINO
CHAMBER of CURIOSITIES
Photographed by Yoshihiko UEDA
86
Yoshihiko Ueda
Materia
Yoshihiko Ueda

〇您是什么时候开始对摄影产生热情的呢？“想要成为摄影家”的理想又是从什么时候产生的呢？

×19岁的时候吧。其实我一开始是对美术感兴趣，后来才发现摄影更适合自己。为了学习摄影技术我去了学校，十分幸运我遇上了很好的老师，所以也就越来越喜欢摄影了。

〇如果让您用一个词形容自己的风格，会是什么呢？这种风格是怎样形成的呢？

×“普遍”。我执着的摄影作品是拥有长久生命力的。为此，我不得不去考虑我们所说的普遍、普遍性究竟是怎样一种东西。

〇无论何种艺术形式，拥有“独特的风格”是一个艺术家之所以能成为艺术家的基础。为了寻找这种风格，您觉得人们需要做些什么呢？

× 我觉得我们应该常常问问自己，我们究竟想做什么，然后再将其付诸行动的时候自然就能找到自己的道路了。当然，就像百分之九十九的努力和百分之一的灵感之间的关系一样，学会抓住偶然的灵光一现也是很重要的。

〇通过您的作品您希望向人们传达些什么呢？

× 喜悦。如果能让人们在看到照片的时候从内心涌出喜悦的感觉，那我就非常高兴了。那应该是一种活在当下、看着这种照片、从而为这一瞬间而感动的喜悦之情。

〇虽然不是很懂摄影，但我知道光线、构图等因素都会对作品有重要影响。您觉得最重要的是什么呢？当然也有人认为一些内部的因素，例如摄影师的情绪也会对照片有很大影响，您对此是怎么认为的呢？

× 我觉得最重要的是需要拥有感受美、发现美的能力。

就像你说的那样，光线与构图确实是构成“美”的重要部分，但最重要的还是我们要如何去认识、去感受这个世界。从这个层面上来说，我觉得情绪方面的影响可能会更大一些。

烏龍茶

○与其他的视觉艺术，如绘画、电影相比，您觉得摄影有什么特别之处？

× 摄影所做的，是将时间冻结。跨越了时间的限制，让千千万万的人能够共享某一个真实的瞬间。这就是摄影独有的力量。

○您曾多次来中国取景，也与不少中国明星有过合作，是什么吸引您选择了在中国取景？能谈谈您对中国的印象吗？

× 中国是个很广阔的国家。与之相比，日本实在是太小了。在日本人眼中，中国虽就在

身边，却又仿佛是从历史中穿越而来的遥远国度，这对我们来说是非常有魅力的。正是因为对那种遥远的神秘感的渴望，让我数次来到中国。

现在，中日关系成为了十分敏感的问题。我感到非常非常的遗憾。在中国我认识了很多友人，而我与他们也都能够相互理解、相互帮助。我们都十分渴望两国能回到之前那种稳定、和谐的关系，希望所有人都能站在对方的角度，从内心去相互理解，化解干戈。

○在人物摄影时，最重要的就是展现主人公的气质。例如您在去年推出了一本苍井优的写真集《A DREAM》，让她自然的美感得以展现。因为苍井优小姐在中国也十分有人气，您能以这次的拍摄为具体例子，谈一谈如何用照片诠释出人物的灵魂吗？

× 其实在拍摄人物照片时，最容易对作品产生影响的就是这个相机，就是我这个正在拍摄照片的摄影家。说来似乎有些讽刺。而我们要做的就是尽可能地不被摄影对象意识到，尽量淡化我们的存在，悄悄潜入他们心中的缝隙，让他们能够感到安心与放松。要让对方觉得你和他已经融为一体。而我自身也要这样去想，将我们作为不同个体而产生的不和谐的感觉尽量减少到最低。

因此我认为，照片就像是自身的一面镜子。也就是说，照片中留下的不仅仅是被拍摄的人，还有我的身影。将摄影对象看作是自己本身，听上去复杂，其实就是一个很简单的道理。

○在中国有越来越多的年轻人爱上了摄影，走到哪里拍到哪里，摄影几乎成为了他们生活的一部分。最后，能请您对这些摄影爱好者们说一句话吗？

× 我希望大家都能拍摄出令人感动的精彩照片。我也衷心希望能欣赏到大家的作品。生在中国，你们拥有最美丽的自然与最淳朴的风情。人们也都拥有一颗善良、真诚的心。这些都是一张成功的照片最好的素材。请一定努力，拍出自己心中所想。

森女电影：森林女孩的影像之旅

云飞扬 / text

森ガールが好きな映画

由 Choco 监修的《森女时尚风格手册》(《森ガール fashion&style BOOK》)，由每日交流出版社出版。

／毫无疑问，在东亚地缘文化序列中，当前日本文化的软文化虽然没有一百多年前的巨大优势，但依然占据高位。在众多的日本流行词汇中，“森女”成为赶超“败犬女”“御宅女”等族群指涉的新宠，对中国内地、港台及韩国青少年的日常生活和精神旨归起到提振作用。文化新事物命名权是价值观输出的关键，下文将通过对森女亚文化的梳理，简单阐发其渊源及流播轨迹。

／森女词系的流行，除了它与宅女、败犬女相比更趋健康、清新的姿态外，另一个原因来自媒体包括电影、网络、杂志等对森女的包装，使其更能获得具有消费潜力的青年受众的青睐。作为青少年亚文化的一部分，森女拒绝了寻常亚文化现象中普遍存在的激进、偏激特性，而表现出了少有的亲和力，正如它所标榜的纯粹、自然、清新一样。

森女：由身体而思想

日本服饰团购最大的交流网 Mixi 网罗了一批对服饰风格具有相似审美取向的女性，并以此形成了森女族群。有意思的是，现代日本的祖先被称为“森之民”，作为日本的根源性文化，森林文化仍在潜移默化地从感性、思维上影响日本。所以，森女首先在日本被定义，也不无地域文化上的原因。

如果我们溯源森女的诞生，便可以发现其初始状态便与感性的审美认识形影不离——从狭义上来讲，对森女的定义首先是来自于外在的服饰风格，进而才形成了一种审美感知。素描的方式可以建构一个典型的森女形象：不施粉黛的裸妆，干净不繁复的头发，以棉、麻等天然材质为主的服装，颜色选取富有自然气息的大地色、裸色或暖色，以传达温柔安静的气质，服装图案富于变化，碎花、格纹、民族风在混搭下显得随意舒适。这种着装方式甚至被戏谑为“森女三宝”——长裙、围巾、针织衫。

这种外在化的身体呈现所形成的感觉——自然、亲和，给人以少女般的青涩和清纯——正是森女得以存在并受到追捧的重要原因之一。而另一种深刻却容易为外在服饰所遮蔽的原因，就是一整套森女的价值观。被称为森女的个体，除了表面上的“返璞归真”外，还应当具备一套稳固的价值观：拒绝消费主义的影响，不盲目追逐流行，不崇尚名牌，厌弃以异性的眼光为标尺的时尚，热爱自然和生命，践行环保。从服饰风格以及对自然的理念、随遇而安的生活态度来看，森女仿佛延续了20世纪六七十年代嬉皮士的血脉，只是社会环境的改变没有为森女提供成为激烈运动的机会，最终形成了一种趋向个人化的选择。

所以，总体而言，森女是一种远离现代快节奏的价值观。日本武藏大学社会学教授栗田宣义曾对此分析说：“只要努力就会得到相应地位的时代已经远去，森女的同感是‘努力了也没有什么大不了，希望顺其自然’。这样的想法大家都会有吧。”但是这种顺其自然并非颓废，与早先诞生的御宅※Otaku相比便可一见端倪。同样是面对现实的选择，御宅选择了消极地逃避，而森女则选取了一套“有氧”的方式。

赫布迪基的《亚文化：风格的意义》※1979年作为青年亚文化研究的经典，用很大篇幅描述了风格之于定义亚文化的意义，并着力描述了亚文化的惊世骇俗的反叛姿态。但是，当这种理论研究介入森女文化之后，其在一定程度上宣告失效。作为青少年亚文化现象的一种，森女的族群标签来自于服饰风格，但是与大多数离经叛道的亚文化相比，森女在理念上并不激进，它更像是她们的穿着打扮一样，素朴、清新。甚至可以说，森女是对其他带有非健康性质的亚文化的一次反动，并在诸如环保等观念上迎合了主流价值观。

有意思的是，无论是一种外在的服装风格还是生活价值观，森女都是网络媒体、纸媒共同催生的一个概念。所以，即便森女站在反消费主义的立场上，但是在商品化时代，它仍然有被消费所裹挟的危险，甚至这种危机已然发生。作为一种带有民间草根性的审美风潮，森女正在被媒体重塑为一种可消费的风格。

1 电影《风之谷》的海报，女主人公娜乌西卡。
2 电影《魔女宅急便》里的“小魔女”琪琪。
3 电影《幽灵公主》剧照。“幽灵公主”小桑是被白狼神莫娜养大的人类女孩。
4 电影《借东西的小人阿莉埃蒂》，小人族的阿莉埃蒂和人类的男孩间产生了情愫。

4

1

2

3

“森女电影”：女孩，行走在光影森林

从某种程度上而言，森女潮流也是一种身体革命，虽然革命一词会有夸大其姿态、力量的嫌疑，但是森女无疑是对消费主义时代大众追逐物质商品的一种反叛。而使得这种身体革命以积极样态得以扩散的媒介，除了网络、杂志之外，还离不开电影。甚至，某些电影比森女概念更加先知先觉，因为在森女概念诞生的2006年之前，森女形象早已在电影中出现。

溯源电影中的森女形象是困难的，不过可以确定的是，日本的漫画和动画电影滋养了森女的诞生和成长。甚至宫崎骏在创作《魔女宅急便》时便令人惊讶地道破了“森女风”由服饰而精神所产生和发展的来源，虽然这部作品距离森女概念的产生早了近20年。

他说：“经济上的独立绝不等同于精神上的独立，对于现代的女性来说，真正的贫穷已经不仅仅是物质上的缺乏，而应该是精神上的不自由”。宫崎骏的影片一向以少女作为主角，而自由之精神在宫崎骏电影中始终是少女们健康向上的根基。这些自然朴实又不失活泼的少女形象一以贯之地存在于《风之谷》《魔女宅急便》《幽灵公主》《千与千寻》等影片中，并保持了无垢性的形象设计，而少女般的无垢性，恰恰与日后出现的森女电影中的女性形象不谋而合。如果说《幽灵公主》中的小桑带有原始主义的神秘倾向的话，那么《魔女宅急便》《风之谷》中的琪琪、娜乌西卡则成为典型的森女代表。及至 2010 年，宫崎骏甚至在《借东西的小人阿莉埃蒂》中直接让女孩以幼小、敏感的形象从自然中走来，这在时间上也应和了森女风的勃发。

如果说动画电影创造并延续了森女的生命，那么真人电影也在近 10 年中丰富了森女电影的序列。苍井优、宫崎葵、新垣结衣、范玮琪、桂纶镁、Angelababy 等一批极具标签性的演员的产生，可以看作是森女系电影壮大的佐证。她们出现在《花与爱丽丝》※ 2004 年《蜂蜜与四叶草》※ 2006 年《现在只想爱你》※ 2006 年《街角洋果子店》※ 2011 年《花水木》※ 2010 年《最遥远的距离》※ 2007 年《第一次》※ 2012 年等一系列影片中，清新的形象甚至也裹挟着一层童话色彩。从某种程度上来说，森女电影甚至可以简化为一套对比系统，并以上述演员为标尺。

不过，就像创始人 Choco 无法给森女一个明确的定义一样，森女电影作为概念同样缺少严格的定义边框。森女电影并非一个类型上的概念，很难将它作为亚类型归入某种类型电影的序列。与类型片相比，它更像是从诸如爱情片等类型中抽象出的文化概念，这种抽象性总结了此类电影的特征——即森女的在场。作为这类电影的主要识别符号，森女对电影的影响是风格、形象和气质上的，它并没有对叙事、情节等类型创作模式形成强烈的干预。而且，观众心理学的兴起，也让我们发现，森女电影既是归纳某类影片的概念，同时也是受众电影的概念，即森女电影有固定的观影群体，他们是 80 后，尤其是 90 后，并带有文艺气质的青少年。

从日本电影发展的角度来看，森女电影可以视为战后在日本勃发的青春片的一种承袭，它延续了青春片中的浪漫主义色彩，同时剔除了太阳族电影给青春所带来的残酷物语，形成了类似青春偶像的风格形态。森女电影整体上呈现出清新、自然的气质，在审美风格上承接了 20 世纪早期的唯美主义风尚，只是森女电影作为对现代审美主义的一种反动，将唯美主义风格推向了日常生活。森女的气质甚至很容易形象化为一幅图画，画风简洁，且带有童话般的气息，远景镜头中，被风衣、围脖、草帽、耳麦装扮的少女，面朝大海，春暖花开。当然，青春的题材取向无法避免忧愁的侵扰，所以，“愁之味”也成为森女电影的标签之一，只是它的存在无法遮蔽整体的清新。

1 电影《花与爱丽丝》的日文版海报。
2 电影《蜂蜜与四叶草》的日文版海报。
3 电影《现在只想爱你》的日文版海报。
4 电影《街角洋果子店》的日文版海报。
5 电影《花水木》的日文版海报。
新垣结衣在里面饰演女主角平泽纱枝。

1

2

3

4

5

从叙事结构来看，森女系电影并没有特别紧凑、强势的叙事结构，它们基本呈现为松散的叙事状态，甚至在《花与爱丽丝》中，故事颇具形式感地被分成三个短章。所以森女影片并非通过故事吸引人，而是通过角色俘获人。同时，配合着清丽的画面和脱俗的角色，抒情的音乐以及画外音成为影片另一种风格化标签。

苍井优在《花与爱丽丝》中的演出。

电影中的森女并不是梅杰里·罗森的“爆米花维纳斯”，对这一问题的解答同样可以引导我们进入森女电影的讨论。从服饰上进入讨论仍然是最妥帖的方式。作为森女电影中最具代表性的人物之一，苍井优在《蜂蜜与四叶草》中的装扮完美再现了上文中所描述的森女形象，不施粉黛突出了少女的甜美自然，田园风的服装图案在混搭中显得散淡而随意，帆布包上装点着复古饰物，装满了森女的小情绪。而这番装扮首先带来的是少男们的“震惊”体验，在影片中，樱井翔代替观众做出了初见森女时讶异的表情。

不过需要注意的是，这种观看与以暴露性感为特征的好莱坞式的男性窥淫并不完全相同。在森女电影内部，看与被看被节制地局限在少男少女的朦胧。《现在只想爱你》中的宫崎葵同样可以证明这一结论，影片中宫崎葵曾反复强调遮盖在森女服装下的身体的生长和发育，生理以及审美趣味，这使得森女在身体实践上呈现相对保守的特点。

从《蜂蜜与四叶草》开始，直到2011年的《街角洋果子店》，风格化的森女装扮得到了延续，有所变化的是，色彩斑斓的花纹换装为素朴的纯色。同样得到延续的还有森女电影一套内在的对比系统，即影片中女性角色之间的对比呈现，以此反映森女与诸如OL等族群之间的差异化存在。在《蜂蜜与四叶草》中，这套对比系统的表现尚不激烈，苍井优的森女风与以职业套装出现的西田尚美之间没有出现交集，而只是平行存在的两种风格——清新少女与成熟女性，表明各种

1 苍井优在《蜂蜜与四叶草》中扮演有天赋的美院大学生花本育。漫画版的花本育是二次元森女的代表。

2 宫崎葵在《现在只想爱你》中扮演的里中静流，因为自己喜欢的人——濑川诚人而喜欢上了摄影。

族群均可得到爱慕的可能性。而到了《现在只想爱你》中，宫崎葵和黑木明纱显然已经在交集中产生了对比，影片一再突出黑木明纱对婚纱的热爱，消费时代的服装杂志成为助推器。与公主范儿的婚纱相比，宫崎葵的森女风显然像是平民装束，此时，影片中形成了类似公主与灰姑娘之间的对比。不过，创作者显然无意在这一点上挑起不同族群之间的矛盾，而是让两者成为朋友，显示了不同审美选择之间的协商性。

鉴于现实中森女多被定位在90后年龄段的标准，少年化的定位突显了森女的美好性。在森女电影中，女性角色与人生中最美好的时光绑定。正因为这样，森女电影对生理成长所带来的气质改变抱以拒绝的态度，这种对于森女纯洁性的固执，导致影片频繁出现死亡主题。《现在只想爱你》一再强调成长，但成长的方向极有可能落入黑木明纱的婚纱和职业装的大众化审美中，所以，生命的戛然而止终止了森女蜕变的可能性。这一点在2012年的《第一次》中得到进一步的强调。

与创作者在森女纯洁性上抱有的固执一样，森女电影中的女性主角在多样态的性格中固守着硬质地的倔犟和独立。与服饰搭配上的多层次特点一样，森女电影中的角色性格通常并不统一，活泼好动者有之，恬静温婉者有之，就像森女可以分为“花森”“仙森”“黑森”一样。但是混合着天真、敏感、执拗等特征的森女角色，总透射出倔犟和独立，两者真实地反映了森女群体坚固的价值体系，如同她们的服装风格一样。生命中他人的进入可能会使她无措，但是却改变不了她的价值观念。这一点部分地突显了森女之所以能够由服饰风格进而演变成生活方式乃至价值观，并成功吸引少女纷纷参与实践的原因。

森女性格中的倔犟和独立与森女电影的清新风貌相得益彰地调和，使带有软性意味的森女电影不至于倒向颓靡。以《街角洋果子店》为例，影片采用了闭合式的结构，开头小镇迎接了苍井优的到来，结尾相似的镜头下，苍井优独自离开。其实，只身到来和离去的行为本身便是独立自由的姿态，就像

宫崎葵在《现在只想爱你》中决然选择流浪一样，甚至我们可以在宫崎骏的电影中找到同样的流浪主题，《魔女宅急便》中远走修行的琪琪便是最好的例子。森女电影对流浪、远行的反复强调，恰恰反映了自由之精神在森女价值体系中的重要地位。西点店面临关门歇业的危机时，角色的倔犟性格尽显无疑，如果不是苍井优的苦心劝说，江口洋介饰演的面点师恐怕不会重操面点师旧业，并完成心灵上的救赎。甚至，这种执着的个性可以与电影之外的现实形成映射，在粉丝们看来，苍井优的瘦身故事不啻为标榜坚持和倔犟的励志故事。

同样的倔犟在玉木宏初见宫崎葵时也露端倪：《现在只想爱你》中，宫崎葵执拗地擎着胳膊，倔强地验证路口是否真的不可以通行。值得一提的是，与性格鲜明的森女相比，电影中的男性角色常常以扭捏、木讷、紧张的行为和表情示人，如此表现倒是可以在对比中强化森女的独特。

当然，独立倔犟的宫崎葵在面对爱情时也表现出了森女特有的敏感和脆弱，此时，森林犹如母体一样成为她心灵的庇护所。森林的意象其实就是我们看到的森女电影对于自然的表现：《花木水》中的树木、《花与爱丽丝》中的花草、《现在只想爱你》中的森林，以及无处不在的海洋均成为森女心性的外在化意象。毫无疑问，镜头对自然的青睐反映了森女电影浪漫、抒情的自然主义气息，尤其当我们发现这批电影中故事发生地无一不是精致、静谧的前工业化样貌的城镇时，这种感知便更加强烈。

从表现空间的角度来看，森女电影甚至可以与不断崛起的城市电影形成比照。不同于城市电影对都市魔力的窥奇，森女电影更偏好自然风貌，其镜头里的小城镇犹如小家碧玉，节奏舒缓，尽显慢生活的魅力。与小城镇气质相通的空间还有书店、咖啡馆，作为最具标识性的空间场所，常能够邂逅森女。也正是因为书店、咖啡馆林立，所以2006年森女风萌生之初，日本的高圆寺、代官山附近便常能寻到她们的芳踪。

跨地的森女风：森女电影的泛亚之旅

苍井优在《街角洋果子店》里饰演一位倔犟、执着而又单纯、直率的女孩臼场夏目。此图为该片结尾处，夏目独自离开的画面。

作为一个概念的使用，森女电影显然存在一定的排他性，正是基于这种考量，上文所阐释的森女电影多局限于日本一地。同时，鉴于森女电影必然的要求是森女的在场，所以，本文也先在地拒绝风景森系、情节森系、气质森系等其他样貌的电影。

不过，值得注意的是，以青少年群体作为传播阵地的森女风由于迎合了文化消费的需要，也逐渐被作为一种文化消费行为参与到商品复制生产中。所以，从某种意义上而言，上文提到的风景森系、情节森系、气质森系等所谓的“森系电影”对我而言更倾向于一种对风格气质的消费行为。其他样态的森系电影虽然延续并放大了森女电影在影像风格上的清新、诗化风格，也在空间表现上秉承了自然主义和文艺气息，但是森女的缺失也意味着一套自由、独立的价值主张的缺席。所以，诸如《小情人》※2003年《十七岁的天空》※2004年《练习曲》※2006年等影片并不在讨论之内。

森女电影的泛亚之旅是一次风格的延续和强化。首先可以看到的是森女的外在形象得到了完美再现，以台湾电影来看，桂纶镁、范晓萱、陈意涵等成为台湾森女的代表，同时她们也继承了日系森女的性格特征，比如独立的姿态。《听说》中经济拮据的陈意涵靠街头表演来养活自己，面对彭于晏送来的爱心便当，她详细画下爱心便当的内容并标上不同的价钱，并坚持偿还，森女的倔犟与独立性格显露无疑。

森女电影的泛亚之旅也是本土化的再造之旅。以韩国、台湾、泰国为例，从整体来看，森女电影在三地的本土化过程中，情节叙事得到了一定的强化，基本排斥了碎片化的结构方式，同时情绪性的独白相对减少，个人化、主观化的风格不再强烈。更明显的表现是同性恋亚文化对森女电影的渗透，这一点台湾电影尤甚。与台湾新电影中的青春残酷不同，同性恋亚文化与森女亚文化的结合，在银幕上营造了一个充满了自然气息、乡土味道和地域特色的、美丽的台湾形象，以及在只有这片土地上生活才拥有的独特的成长经验。第四十九届台湾金马奖颁奖晚会上，桂纶镁凭借《女朋友・男朋友》获得最佳女主角奖，此奖终于从连续6年被内地女星获得的失衡状态中走出，稍微安抚了一些台湾影迷的心理。影片延续了台湾青春电影中的同性恋话语，但不再表现为少年的暧昧朦胧，因而使桂纶镁在影片中对自由的追求明显复杂化。影片最后，桂纶镁转身离开，这无疑被看作是一种选择的姿态。不过，桂纶镁作为森女代表，也以其多样化的电影作品说明了森女潜在的游离性，《女人不坏》中的烟熏恶魔妆成为她对森女的巨大反叛。

2010年森女风进入中国的事实，也在提醒我们注意合拍片模式下诞生的森女电影。《星空》※2011年《第一次》※2012年是非常有代表性的作品，两部电影中的森女风格浓烈，徐娇和Angelababy的服装再现了日系森女跨地传播的影响力。日系森女电影中，家庭常常缺席，朋友圈代替了家庭，这使得日系森女更多地局限于少女个人体验，减少了现实感，这一特点在台湾森女电影中同样存在。而《星空》和《第一次》中，家庭均居于重要地位。前者因婚姻导致家庭破裂，后者因父亲去世而成为单亲家庭，残缺的家庭让森女的成长陷入了困境，尤其在《星空》中，破碎的家庭既给徐娇带来了孤独，但又激活了她的自由、流浪之心。如同《现在只想爱你》中那样，森林适时出现，并成为慰藉心灵的空间。《第一次》没有《星空》中的童话色彩，但是影片中的妈妈却虚构了现实，再造了女儿的爱情记忆，从某种程度上来说，这也可以被看成是现实的童话。在合拍机制下诞生的森女电影中，家庭部分的出现是受到了该创作方式的影响，另一方面也显示了本土化之后，森女对现实的参与能力。

这种参与能力的另一种体现是森女电影融入并强化了泛亚电影的小清新潮流。作为一个感性词汇，“小清新”是对电影风格气质的描述，它的包容性也使它失去了严格定义的可能性。与森女电影相比，小清新只是一种风格样貌和趣味取向，它并不存在关于独立、自由、自然等的价值主张。森女电影的风格气质完全符合小清新的标准，而且其积极不颓废的价值观也迎合了青春类商业电影的发展趋势。

泛亚地域的广度为我们提供了窥测森女电影何以能得到流行的视角。对于森女电影的情感投射，不只是因为消费时代对于外在服饰的追求，另一种更主要的原因在于对森女性格以及生活方式、价值观的认同，这一点在泛亚地区的一系列森女电影中得到了清晰的表达。虽然上文中提到了森女以及森女电影不可避免地沾惹了消费主义的气息，甚至视觉媒体时代也会使它沦为大众化的审美方式，但是森女电影所带来的清新风格极具内心感染力，这种感性的认知体验令人匪夷所思地提供了审美想象空间，并在内心感觉上与快节奏的商品消费主义拉开了距离。

最后，借用美国著名隐居名士梭罗在《瓦尔登湖》中的语言作结：“我来到森林，因为我想悠闲地生活，只面对现实生活的本质，并发掘生活意义之所在。我不想当死亡降临的时候，才发现我从未享受过生活的乐趣。我要充分享受人生，吸吮生活的全部滋养。”或许我们永远不可能真正从城市里逃离，奔向森林里展开自由舒展的生活，但是至少还有森女电影里的光影森林，或者它们可以给人以慰藉。

特集● 森女

绘·日记

erikkist / text & illustration
张洋 / translator

突然发现，不知什么时候起，每天的生活开始千篇一律：家与公司，学校的两点一线，一样的风景，一样的拥挤的地铁，一样的早餐面包，一样的咖啡多加糖，遇见昨天、前天都遇见的打个招呼匆匆而过…… 生活以一种大佬的姿态目光睥睨地告诉我们，有些无聊难以避免。

来自日本的 erikkist，就是个和你我一样的普通人——除去每天努力用绘图日记来记录自己的生活之外。一杯久违的草莓圣代，一次菜市场讨价还价的经历，或是左脚袜子前面破了一个洞，一切都可以成为他笔下的一天。没什么大事，也不需要什么大事，生活就像一堆五颜六色的玻璃珠，是任它们散落一地还是一颗颗串成一条不太精致但独一无二的项链，选择权一直都在我们手上。

黄金周 我的黄金周是这样过的——因为喝醉了所以不是每天都有画……

10/8 去了德国人学校的十月节
吃了好多德国料理哦~
德国风味饺子（?）
椒盐卷饼，咸咸的好吃
当然还有法兰克福香肠
土豆&芝士~
当然红酒、啤酒、香槟也不可少啦！
看到了木质长角号
车站还能看见穿着民族服装的人
比我想象的规模要大得多，
吃得好，喝得真的很开心~
谢谢请我过去的小俩口，
我已经开始期待明年啦~

10/9 姐姐的生日

急急忙忙地去看朋友最后一天的展览，
没想到碰到了15年没见的小K，
他也画了绘日记哦！
画得超可爱！超厉害!!
然后大家又一顿大吃大喝……

10/10
又开始决定跑步啦！
用电饭煲试着做了海南鸡饭，
真好吃~

栗子

今天(?)
拿到了好多呢!
去MK家里玩的时候
意外遇到了K君.
真可爱~

きのう(?)
いっぱい
もらって
しまった!
2012.10.6
sat

・MKちゃん
うちにくる

・思いがけず
Kさんを
紹介して
もらえた
うれしい

やけにまんまるなキャベツ

2011.8.4

包菜

看到了一棵特别圆的

包菜。

猕猴桃

毛茸茸

ぽによ

2012.8.7 tue

あしがいたい

2012.9.4 tue

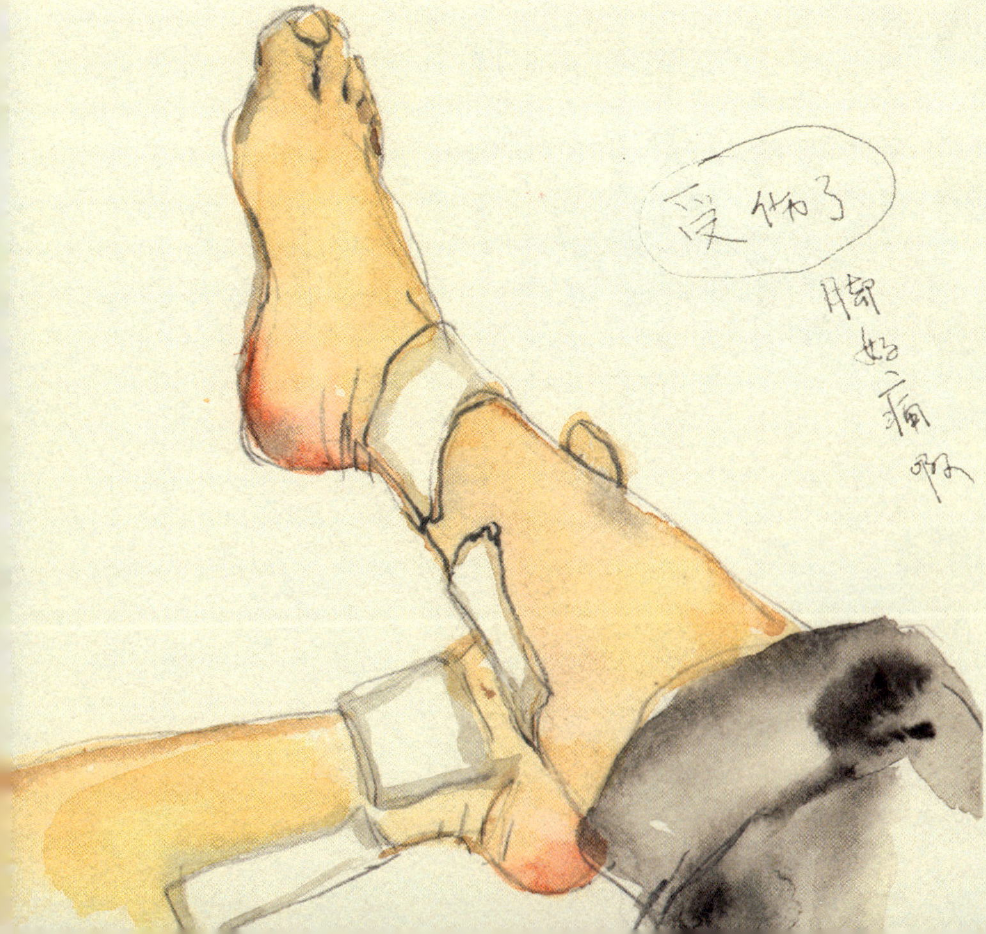

受伤了

脚好痛呀

伞

今天下雪了 结果发现伞破了一个洞

雪だというのに
かさにあながあいてた

2012.1.21 sat

好痒

脚趾头生冻疮啦

しもやけができてた

2012.1.30 mon

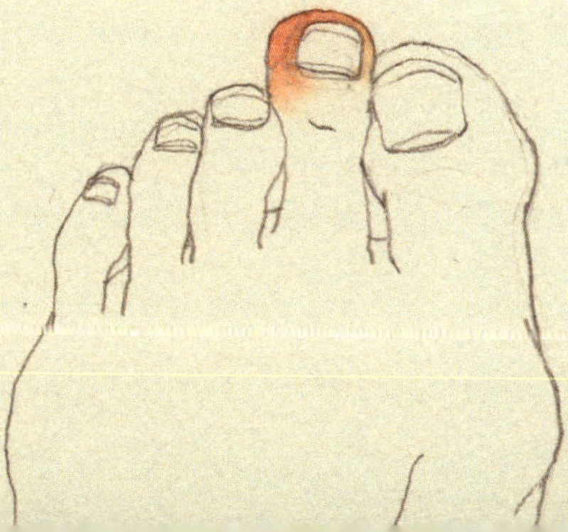

2011.11.16.wed
柿もらった

となりの柿はよく客食う柿だ（違）

绘ロ会

别人送来的柿子

十四个柿子个四十个狮子（误）

不倒翁

だるまの目ってほんとうは
反対に入れるらしい?
まちがえた

好像眼珠子
应该在反面的吧?
画错了……

12月はぜんぜん更新できなくて
グダグダだった 来年はもうちょっとがんばるー。
今年も見てくれた方ありがとうございます
2011.12.31 Sat

12月份基本没更新什么就
浑浑噩噩地过去了.
明年再加油好啦.
谢谢大家 今年的支持哦.

恐怖电话

今天我一直呆在家里，结果每隔20分钟电话就会响一次。如此规律的响法让人觉得好恐怖啊。但是又没有电话留言，如果是朋友的话应该会打手机才对。于是几个小时我就放着没管。5点的时候就准时停下来了。看来是推销电话。

而且是老式电话机，所以没有来电显示。

今日はずっと家にいたのだが
20分おきぐらいに固定電話が鳴って
あまりのしつこさに恐怖をおぼえるほどだった
留守電も吹きこまれないし
知人なら携帯にかけるはずなので
何時間も放置してたら5時すぎたら
ぴたりとやんだ　きっとセールスだったのね

2012.9.25

古いのでナンバーディスプレイとかないし

KOPPE面包

ウオルマートになってからの
西友に
はじめて行った。
なぜか
コッペパン
買って
帰ってきて
しまった。
2010.1.21

「コッペ」って
すっごく
かわいい響き
だよね！

今天第一次去了改成沃尔玛
的西武百货，
结果不知道为何买了
一包KOPPE面包回来。
不过
「KOPPE」的
发音感觉
还真是
很可爱呢！

蔬菜

今天去了一家新超市
结果发现蔬菜超便宜！

一乱七八糟

纸拿反了
用鲑鱼的下角料做了
吃的，做了一大堆冷冻
起来了
一点一点揪着核桃
马芬吃
条纹条纹 条纹衬衫
原宿有好多
好可爱的女孩子哦
一起去看Henry Darger展的
内田也和TAYIO原来是
跟爸爸一个年代呢！

今天起床时我想了一些事情

睡得好好的，有时会突然张开眼睛，然后就很难再睡着。不知为何，这时往往容易想到一些消极的事，心情顿时DOWN到底，我觉得如果那种时候强迫自己爬起来的话可能肩上那些沉重的东西就会掉下来吧。因为当我们并不困明明可以起来做事的时候却保持着睡觉的姿势 大脑可能就会觉得"哎呀，我可能真的生病了"！

然后就这样变得
没精神，自然就会
想到消极的事啦!!!
当然，以上只是
我的胡思乱想……

今日起きて思ったこと（あくまで私の場合～）

2011.1.19

横になってるのに
目がさえて
眠れない時って
ネガティブが押し寄せて
うわーってなりがち
だけど

そんな中無理にでも
起き上がってみたりすると

頭とか肩とかに乗ってた
重たいヤツが落っこちる気がする

← 重たいヤツ

↓

で思ったけど。
眠くなくて起きて活動できるのに
寝てる姿勢だと脳が
「アレ私本当は病気なのかも？」
とかカンチガイして元気がなくなる
→ネガティブ→うわ——っ!!!
ってなるのかなって…イヤちょっと思っただけ

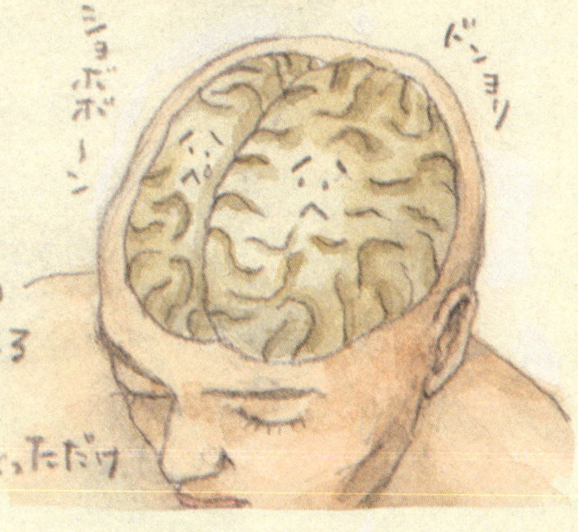

とろけるチーズ
+
ブルーチーズ
+
はちみつ
=
おいしいです

2010.12.25

融化的芝士＋蓝芝士＋蜂蜜＝人间美味

美味

寿司

买了一大堆寿司回来然后都吃完啦

虽然画的黑糊糊的 不过秋刀鱼很好吃

房のまわりだけたべたらへんな木みたいになった

2012.10.30 tue

西兰花

吃了外面的一圈，

结果形状变的好像

奇怪的树一样呢。

森女優の癒しさ

森系女优的治愈力

任知 / text

上野树里

1999年之前没有“治愈系”这个词，由于坂本龙一发表的单曲《ウラBTTB》获得成功，此后治愈系大行其道，从音乐、电影、女星、美食、旅游路线扩展到生活各个领域。其实早在1994年，饭岛直子在出演瓶装咖啡GEORGIA广告时，就以柔美的姿态感染了观众，在同一个广告中出现的“优香”与之后同样出演饮料广告的本上真奈美、井川遥等人也被广为追捧，不过当时以“舒适系”代替。饭岛直子被广告商追抢，晋升为广告天后，此后还被追封为治愈系女优第一人。像后来“森系”的苍井优、上野树里、新垣结衣等女星也被视为治愈系的代表，因为她们的影视作品也多有元气、励志、青春、脱力的元素，有着非同一般的治愈力。治愈系产生于经济泡沫后，日本经济失去的十年，在社会压力逐渐加剧的背景下，治愈系带来的抚慰心灵的作用无疑是不可低估的。

城市里的生活高速运转，日渐排满、毫不透气的空间令人压抑，职场男女都渴望一种“慢生活”，尽量放慢自己的脚步，慢慢品味自己的生活，约翰·列侬说过，“当我们正为生活疲于奔命的时候，生活已经离我们而去”。森林系在新的时代应运而生，

森女的风行暗合了当下追求低碳环保、清新纯爱，崇尚自然的潮流，超然脱俗具有温柔气质的森女，已然成为都市不可或缺的风景。对于大多数女性而言，人们一提起森女的代表，脑中立即会闪出苍井优，首先这与她出演的大量青春文艺片有关，她塑造的形象深入人心。像她在岩井俊二的电影《关于莉莉周的一切》中饰演的在校园被欺凌的少女；《花与爱丽丝》中脚踩纸杯跳芭蕾的女孩；《天国的来信》※熊泽尚人导演中那位热爱摄影憧憬东京的冲绳女孩；日剧《料理仙姬》中一身和服爱喝个小酒的年轻老板娘。再有她的个性谦逊腼腆，神情流露出都市女孩少有的笃定静默，这种清新、散淡的独特气质，让人如沐春风。再有她的笑容带着暖意，让人一眼看着很舒服。她总是一副宠辱不惊、我行我素的样子，处浮华的娱乐圈却保持着天然纯粹，犹如生长在森林中的一朵百合。苍井优无论在银幕内外，都保持着纯真明朗，私下里跟宅女没有太大差别，爱做菜，喜欢逛书店和家私广场，不喜欢浓妆和性感服饰，她曾说：“我喜欢穿很宽很宽的裤子，还有

苍井优

童装，我不喜欢市面上那种凸显曲线的紧身服，某方面我还是希望自己能像孩童一样。”这些都符合森女的气质。她还多次代言森女参加各类活动，《Spoon》增刊以她的森女形象为封面的杂志也销售一空。同时，她是位演技颇佳的演员，这都源于她在表演中的认真和思索，譬如在《彩虹女神》里她饰演的是佐藤葵双目失明的妹妹加奈。由于喜欢剧本，她接了这个不显眼的角色，还为此专门跑去盲人学校实地观察，学习盲人的神态与动作，努力揣摩角色的内心世界。苍井优不管表演舞台剧、电视剧还是大银幕电影，总是在努力寻求方法，以求可以无限接近最后到成功诠释好每个角色。

宫崎葵

在森女明星中能与苍井优并驾齐驱的可以说只有宫崎葵了，两人曾在盐田明彦的《害虫》中合作出演，我也看过两人合作的写真，神态亲昵，宛如姐妹。宫崎葵与苍井优同样，演技与人气兼具。青山真治导演的《人造天堂》是她的处女作，此片曾在戛纳电影节上大放异彩。2008年，她和中岛美嘉共演的由超人气漫画改编的电影《NANA》大受观众好评。随后参演大河剧《笃姬》，不但收视喜人，而且由于她的介入，不少年轻人也开始关注起题材严肃的历史时代剧来。在国际荣誉和演技认可上，她早已将同龄的女星甩到了身后。宫崎葵外形乖巧，眼神清澈，她在东京地铁拍摄的写真，民族风与时尚结合的打扮，演绎出森女系服饰的多彩韵致。在纯情片《现在只想爱你》中她与玉木宏主演，此片场景都取材于茂密的森林和青春洋溢的校园。玉木宏饰演的喜欢摄影的濑川诚人，在校门外巧遇正要横穿马路的静流，他不由自主按下了快门，两人由于摄影相识，因性格投缘成为朋友，随之受诚人影响，静流也喜欢上了摄影。两人经常一同在校园深处的小树林中拍照。静流某天在树林中突然向诚人要求拍张两人接吻的照片，拿去参加摄影比赛。两人嘴唇触碰的刹那，内心都泛起了涟漪。可在第二天，静流却失踪了。葵很好地诠释了静流的角色，电影中幼齿装束和疏散发型与葵阳光般的微笑和甜美的语调相得益彰，有种难以抵挡的魅力，故事虽让人心碎，但她的温暖形象简直能融化人心。熟悉她的影迷都晓得葵本身就爱好摄影，她8年前就办了个自己的摄影网站，将自己拍下的作品发布，时常还为照片写下日记。在辗转各地旅行或参与影片拍摄时，她都习惯把小巧的微单带在身边。所以，此后她也给奥林巴斯PEN、OM-D系列微单做过代言。

新垣结衣

人气女优上野树里，她的容貌并不出众，但颇有眼缘，越看越喜欢。她在影视剧里塑造了不少鲜活的角色，感觉很像一枚水果硬糖。可爱时可爱，凛冽时凛冽，执着时执着……未品尝之前你永远猜不到她是什么口味。在剧情荒诞的影视作品里她有不少搞笑的举动，脱力的表演尤为出神。上野树里绝对是脱力系中最治愈的，治愈系中最脱力的演员。光看看她自己作词作曲的《屁屁操》MV和电影《乌龟游泳意外迅速》中的无厘头表演就可见一斑了。在励志电影《摇摆少女》里极尽耍宝，岩井俊二监制的《彩虹女神》里，她将佐藤葵的暗恋与内心的纠结演绎得

上野树里

恰如其分。她清新的笑容和率真的个性，有挑战心又别具亲和力。可谁会想到她曾有过两次命运的考验，小时候她就被诊断出先天性血管病，幸亏及时治疗，迅速恢复。初二时母亲因肝癌去世，让她深受打击，母亲希望看到她出演电视剧，可这个愿望永远无法实现了，这个巨大的遗憾，促使树里在演艺道路上不断坚持。

绫濑遥

由于《交响情人梦》剧集热播，交响乐在日本大热，古典音乐 CD 销量攀升，原来门可罗雀的音乐厅门票都变得抢手，树里和另一位主演玉木宏成为炙手可热的明星。她饰演天才演奏家野田妹，这个角色颠覆了以往灰姑娘与王子的剧集中，灰姑娘必定吵闹、傻气，甚至粗俗的固定模式，她虽然天赋异禀，却没有大志，不世故、不圆融，这反而让这个人物更显丰满立体。野田妹在河岸上散步时被千秋从后面突然拥在怀里，她平实自然地微笑着吐出那句“Merry Christmas”，对比他百感交集失而复得的表情，令人动容。

有人说上野树里是头发越短人气越高的女星，她在连续剧《最后的朋友》中饰演的越野车手岸本瑠可，那眉宇间的英气、眼神中的坚定、言谈举止中透露出的率真，引无数粉丝着迷，并让她在“日刊体育电视”中获得了最佳女配角的称号。剧中的短发不仅是角色设定的潮流时尚，还更好地诠释了树里的性格——爽利直接和作为一个女演员的执着。她敢爱敢恨，相当率直，更是有报道传出她挑剔广告剧本，惹怒广告商，还由于不满剧本而向导演大发脾气。通常她很随性，对于表演她则很执拗，有问题时必和导演讨论到水落石出。她不像其他女优般矫揉造作，出门也不戴墨镜，只会带上灿烂笑容。

绫濑遥在大小综艺节目中，大方洒脱，她毫无心机的微笑和慢半拍的反应，让观众们觉得她疗伤的魅力十足。尤其是在人气组合 KAT-TUN 的节目中，她模仿的小兔撅嘴的表情，搞笑夸张，让人乐不可支。小遥在电视剧版的《在世界的中心呼唤爱》中为了饰演白血病人不惜牺牲形象，引起观众注意。《我的机器人女友》中她扮演的机器人女友在地震时断身勇救爱人的桥段，感动了很多人。特别是她在日剧《萤之光》中，散发着天然呆气场，饰演的白领雨宫萤，性格平和可亲，对待爱情却反应有些迟钝，她塑造的鱼干女角色让众多年轻女观众感同身受。曾有媒体披露，绫濑遥戏里戏外都是鱼干女，她也坦承自己放假时就爱瘫在家里，还刻意把电视遥控跟食物摆在伸手可及的地方。据说拍完《萤之光》第一部时，剧组将小遥在剧中所穿 T 恤跟运动裤送她，她则将这些戏服当成居家服来穿。到《萤之光 2》时她又把这几套衣服带到拍摄现场，希望这些衣服继续在剧中现身。从此细节可看出她率性的气质，当然，她在剧中也有一种知性的味道，如果你看过杂志《Spoon》2011 年 6 月号会一目了然，小遥穿衣风格自由洒脱，一袭森

夏帆

女打扮，身穿蓝色牛仔裤，宽松的外套，室内简单的木制家具，墙角散落着几摞外文书。

如今，人们心目中的森女明星，其实都有着共性，首先是靓丽的外表，出演过感人至深的青春片，像长泽雅美出演过《在世界的中心呼唤爱》，新垣结衣出演过《恋空》《花水木》，新晋少女明星夏帆在山下敦弘的《天然子结构》中塑造的清纯学生。她们都有着治愈系的笑容，同时她们都不断为公益慈善活动代言，像上野树里关注食品安全，曾为日本农林水产省拍摄了一组广告，推广一项名为“FOOD ACTION NIPPON”旨在提高食品自给率的国民运动，该运动提倡日本国民努力扩大本国农业产品的消费。绫濑遥为动画片《弃宝之岛——遥与魔法镜》配音，她在东京品川的日本联合国儿童基金会，代表片方将部分门票收入通过基金会捐给了非洲的受难儿童。新垣结衣做过义务献血公益广告，出席过NTT公司“与新垣共同收获红薯”的体验活动，宣传屋顶绿化计划，并送上用环保红薯做的甜点给小朋友们吃。在《报道大河 special 生命的地球（澳大利亚篇）》时，她首次尝试担任主持人，面对干旱的草原和面临生存困境的袋鼠，她露出了凝重伤感的表情。这都源于水资源的流失，自从这个节目之后，结衣就越发注意节约能源，比如不用的电器就要及时把插头拔掉，这类事看似微小，但也是为我们的地球出一份绵薄之力。夏帆也为日本损害保险协会拍过防火海报，参与过文艺春秋“文春文库 秋之100册展览会”，并曾为佳能Wordtank电子辞典代言，这些都与她的学生身份吻合。再有文艺范儿也是森女不可或缺的法宝，像夏帆在介绍自己的兴趣时，前三个就是古典芭蕾、阅读书籍、收集杂货；绫濑遥则写着做菜、看电影、看书；长泽雅美的才艺为钢琴、现代芭蕾舞、爵士舞。新垣结衣作为歌手发行的单曲、专辑的封面设计亲力亲为，在主演电影《花水木》中扮演的纱枝给孩子上英语课，片中以道具登场的插画《三只小猪》就是她本人所绘，此后她还出版了英文插画集《三只小猪》。

长泽雅美

在我看来，森林系提倡的是一种健康、环保、积极的生活方式，森系女优无疑是森女们的表率，观众通过日式青春片和剧集，吸收其间的元气元素，获得了治愈和释放，也会在其间略微悟到生活的真谛。简单来说，就是顺其自然，人活得越简单，才越会感觉到轻松；饮食健康和注重环保，才能感受到生活的质量，从而提升自身的生命价值。当一个人抓住机遇，在青春的美好瞬间少留下遗憾，通过自身努力践行梦想，不断完善个人价值，这种内心的安宁自足是任何豪华奢侈品无法替代的。

自然と一つになろう！

Spoon
少女的世界有点甜

张洋 /text

在笔者印象中日本的时尚杂志可谓阵势惊人。一本本华丽的大开本，一张张光鲜的明星脸，不知有没有人统计过日本究竟有多少时尚杂志，不过这个市场的竞争之激烈绝对不会输给手机、汽车、房地产……一本成功的杂志立足于此需要的是一种“领袖”气质——是否能发现独辟蹊径的新潮流，又是否能将那份源于生活而又高于生活的时尚范儿完美演绎。

双月刊少女文化类时尚杂志《Spoon》，主打“文化”的它打造出的是一片任何女生都无法抵御其诱惑的糖果色天地。进入《Spoon》的世界，就仿佛进入了一个女孩子成天浮想联翩的脑袋里，那里有无数彩色线条勾画出的城堡一般的建筑，毛茸茸的粉红色松鼠和长着翅膀的淡紫色鲸鱼，那里堆满了大大小小形状各异的气球，彩虹色的雨滴落在地面上瞬间开成花朵，那里空气中满是棉花糖的甜甜香气，深吸一口整个身体都变得软绵绵、暖和和起来。

两三年前，当森女以超出任何人想象的速度一炮而红的时候，用个不怎么新鲜的比喻——以“森女风格”为主题的时尚杂志、家居杂志、手工杂志等便如同雨后春笋般冒了出来。以时尚为主打的《Valon》《Papier》，以手工制品为卖点的《くりくり》，专业解读森女家装的《森ガールのお部屋図鑑》……其实早在这之前，苍井优、宫崎葵、绫濑遥等等，这些因自然清新的气质而极富观众缘的女星们已经频频出没于《Spoon》的封面、专题和各个版块——不知这是不是源于编者们先人一步的预知能力。而顺着森女这阵清风，《Spoon》更是抢先推出以苍井优为封面的增刊——《森ガール A to Z》，“喜欢手工制品”“相机不离身”“喜欢宽松舒适的连衣裙”等等，人们现在对于森女的普遍认知大多源于这本无数森女时尚爱好者们心中不可磨灭的神作。

《Spoon》涉及的领域包括了时尚、小说、电影、设计、旅游……探访日本各地大大小小的手工杂货店，品味深得人心的精致甜点，走近近期流行的女性电影、动画，几乎将少女精神发挥到了极致。“女の子は何歳になっても女の子”——那么哪怕一会儿也好，忘掉学习、工作、生活的压力，忘掉读研、买房、相亲的烦恼，好好享受上天赐给女孩子们的特权吧，像在下雪天喝一杯加了棉花糖的热可可，不烫不凉，不淡不腻，甜得刚刚好。

川岛小鸟
很高兴大家把“未来ちゃん”当作我的女儿

文白白 / text & interview

2010年，一个名叫“未来”的东瀛小女孩突然出现在广大中国网友的面前。她那晒得红红的脸颊，童真中特有的夸张表情让人忍俊不禁而又无法移开视线，精力充沛的样子仿佛将元气带给了照片前的每一个人。

初次看到未来酱的画册我就猜测，这应该不是一个生长于都市的女孩，因为都市的孩童在面对镜头时，不会有未来酱这样自然、泼辣、洒脱的本性流露。她能将一颦一笑、一哭一闹的小情绪毫无顾忌地发挥到极致，看着未来酱，我的嘴角会不自觉地上扬，在心里一边摇头一边叹道：“可真是个又可爱又让人头疼的野孩子！”

未来酱究竟住在哪里？摄影师要怎样才能拍下一个懵懂孩童最真实而自然的一面？我的好奇心不仅来自于小女孩未来，更来自于拍摄未来的摄影师——川岛小鸟。

“川岛小鸟出生于1980年，毕业于早稻田大学第一文学部法文科，师从日本著名摄影师沼田元气，学习摄影。”这些冷冰冰的介绍文远远不能满足我的好奇心，我心中谜题的答案只能由摄影师亲自解开，幸运的是，我很快得到了这个机会。

联系上川岛小鸟先生，是通过日本七六社（ナナロク社）的工作人员坂下实千子女士，至今为止，川岛小鸟的写真集全部由这个公司出版发行。在川岛先生的回信中，我得以更清晰而详细地了解到一个真实的他，以及拍摄“未来酱”写真集的点点滴滴。

川岛小鸟最初的梦想是当一位电影导演，高中时候的他每天近乎狂热地看好几部各个种类的电影。最初开始摄影，也是因为这也许有助于培养今后扛起摄像机时的画面感。然而，拍着拍着，他发现相对于拍摄电影时动辄几十人的摄制组，拍照只需要摄影师一个人的感官控制就能得到很漂亮的作品，自己的性格可能更适合当一位摄影师。从那以后，他经常拿着相机到处取景，而大学学习的法国文学课程，则培养了他浪漫主义的拍摄风格与镜头下的故事感，因此，相对于风景，他更中意于拍摄能将“故事感”发挥到极致的人物。

以锦鲤为图案的日式和服是KOI品牌的首创。锦鲤虽然作为吉祥物被日本人喜爱，但是通常用鲤鱼来代表对男孩子的祝愿。在女士和服中加入锦鲤图案，体现了KOI品牌将现代精神与传统文化相结合的理念。身着KOI和服的女性，锦鲤那艳丽的色彩完美地诠释出了女性的柔美与妖艳。

惠己

从“锦鲤”写真到“KOI”品牌的艺术之路

肖夏 /text & interview

惠己是一位“锦鲤”摄影师，也是一位艺术家，同时还是原创设计品牌KOI的老板。从2001年开始拍摄锦鲤、形成自己的个性和定位，再到2012年原创品牌的创建，惠己花了12年的时间。时间很长，但是每一步都走得很扎实。

惠己以自由摄影师的身份出道，像千千万万从事这个职业的人一样，那时她主要为杂志拍摄一些模特图片。有一次，她去位于福岛县的五色沼拍摄外景时，看到了湖中的鲤鱼，它们优雅的泳姿和妖艳的色彩瞬间激发了她的拍摄灵感，用她自己的话说，“完全无法抵挡眼前画面带来的艺术冲击感”。那是她第一次拍摄锦鲤。

鲤鱼文化起源于中国，后在日本发扬光大，成为蕴含着“和之美”的一种独特的日本艺术表现形式。这次拍摄后，惠己对于锦鲤摄影的热情一发不可收拾，在她看来，将这种日本特有的“美”收藏进照片，就能让世界上更多的人接触、了解和喜爱上这一门独特的艺术。

2002年，惠己在位于日本东京表参道的“东京沙龙”饭店举办了一场名为“Koi Exhibition”的锦鲤作品展览会，当时是她开始拍摄锦鲤的第二年。这次的个展上，惠己展示了自己的创意摄影作品——锦鲤与模特的合成照片，甚至模特的妆容也吸纳了锦鲤的要素，比如在眼角画上红色的锦鲤尾巴等等，并以这些照片为图案，做成数个长近两米的屏风。东京沙龙饭店因为地处东京繁华地带，有很多国外的观光者也会来此用餐，锦鲤、屏风等极具东方特色的要素不费吹灰之力便吸引了他们的眼球，惠己甚至收到了去海外开办个展的邀请。

这次的个展给了惠己很大的鼓舞，她也正式确定了自己今后的摄影道路——成为一名锦鲤摄影师。同时，屏风的成功也让她首次感觉到，将锦鲤照片用在日本传统物品上，或许会是一个很有潜力的商业项目。

2006年、2008年、2009年和2010年，Koi Exhibition又在东京、大阪、福冈等地接连举办了4场，这个名称的展览俨然成了惠己的个人品牌。与她的其他展览相得益彰，惠己已经真正成为了一名相当有分量的女性锦鲤摄影师。这回，她没有继续搁置放在心中数年的念头，设计一些将自己拍摄的锦鲤照片与日本传统小物相结合的作品，开创一个自己的品牌，这个时机终于成熟了。

为了更好地与日本传统文化接触，惠己从东京搬到了京都居住。她与京都的传统职人合作，自己开发产品线，设计产品样式，在职人们精湛手工的配合下，2012年5月，KOI品牌诞生了。谈起KOI创作的初衷，惠己表示，在日本，锦鲤向来作为一种吉祥物受到人们的喜爱，她希望KOI的产品也能被顾客们当作一种吉祥的象征，为他们带去好运。而不知是不是由于日本人太过于迷信，确实有顾客反映因为使用了KOI品牌的产品而交上了好运，继而成为回头客。这些素材还被当地电视台制成了一期名为“能带来财运的钱包”的特别节目。

钥匙链。也是锦鲤造型，
己亲自设计，职人们手工

其实，购买KOI的产品需要顾客提前预约，由惠己本人设计完成后交由职人们手工制作。因此，一件商品从预订到交付的周期大约需要3个月，甚至更多。光从这个周期来看，每一件产品必定都是流程中所有人的心血结晶。从感恩的心态出发，这也是一种好运气吧！

从锦鲤写真到KOI品牌，锦鲤这个闪闪发光的池中“瑰宝”为惠己提供了无穷的艺术灵感，也将观赏者带进了一场“和之美”的旅程。锦鲤来自于中国的鲤鱼，在日本的河流中幻化出了多种鲜艳的色彩，在日本传统文化中占有举足轻重的地位。今后，惠己还将在锦鲤的艺术道路上走下去，将这个吉祥的象征带给更多欣赏它的人。

惠己

大学毕业于日本京都精华大学图文设计系。后在东京一家广告事务所从事广告设计。2年后赴英国伦敦，在英国文化的影响下，她开始了自己的摄影生涯。1996年归国，定居东京，成为一名自由摄影师，有过多部广告、杂志、电影等的摄影经验。2006年，从东京迁至京都，现在居住在京都。2012年创立自有品牌KOI。

1997	第六届SENSE Exhibition 东京青山
2002	KOI Exhibition 2002 东京沙龙
2003	Ripples&Colors 东京银座MIKE AMRTA
2005	Ripples&Modern 京都prinz
2006	KOI Exhibition 2006 & Artisut Network Collaboration 东京沙龙
2007	Aquatic Colors 大阪Urban Research Doors
2008	Transparency～KOI Exhibition 2008 东京Firekingcafé
2009	KOI Exhibition 2009 in HAKATA 福冈EL TELLER
2010	“yuragi～波动～”展览京都祇园/OKU KOI Exhibition 2010 京都丹波Winery “kotobuki～寿～”展览大阪京桥画廊
2011	京町家event 京都北区町家 “上弦月x月冴町家”展览京都北区町家
2012	KOI品牌展示会巴黎BUKIYA PARIS

模型爱好者的天堂

原铁道模型博物馆的游览方法

松本典久 / text　肖夏 / translator

“原模型”的发明为铁道模型注入了新的生命，
带给世界铁道迷们强烈的震撼。
如今在日本铁道的发源地横滨，原模型的集大成者——原铁道模型博物馆诞生了！

“铁道模型”是什么？“模型布局”又是什么？

收藏铁道模型被称为“爱好之王”，然而为这个爱好搭上的银子也是个无底洞。不信？那就来看看终极模型迷的世界吧！

铁道模型如其名，是以真实的铁道和火车为模板制作的模型。

铁道模型的玩法有很多种，但很多入门级的铁道迷都是抱着将喜欢的车型据为己有、放在身边慢慢欣赏的态度，从直接购买完成品的模型开始，一步一步走入铁道模型收藏的“深渊”。

到了进阶级铁道迷的程度，市面上能买到的完成品模型已经无法满足需求，于是他们开始亲手制作模型。市面上有零件齐全的需要自己组装的铁道模型出售，这个算是手制模型的入门教材。自己组装过模型的人，几乎都会被这其中的乐趣吸引而无法自拔。

但是，这种以组装和鉴赏为乐趣的塑料模型，根本无法满足骨灰级铁道迷的需求。他们会根据实际的火车运行线路，制作出一模一样的带铁轨的模型线路，

原模型的三个特征

1. 仿真的铁制轨道和车轮

铁道模型的轨道和车轮往往使用容易加工的黄铜制作，而原模型使用的是与真实铁轨相同的原料——铁。无论是轨道和车轮摩擦的声音，还是火车通过铁轨连接处的声音，都与现实中的行驶音一模一样。

2. 可以依靠惯性行驶的模型

原信太郎是惯性行驶的开创者。他对发动机的动力传导部位进行了改良，使火车模型即使在关闭发动机的情况下也能依靠惯性前进。因为没有了发动机噪音的干扰，博物馆内回响着轨道摩擦车轮的“轨之音”。

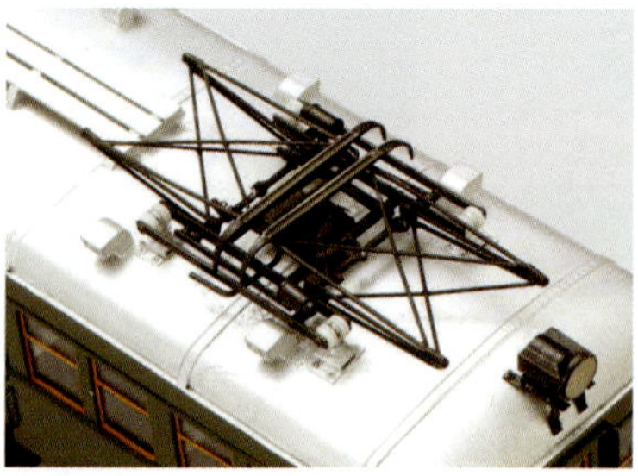

3. 仿真的架线传电

一般来说，铁道模型使用轨道导电，而原模型使用的是与现实铁道相同的供电技术——架线供电。电弓架可以依据架线的实际高度进行伸缩，是对现实的再现。

上面还能跑模型火车！

当然，在铁道模型之外，能动的、能开的模型也有很多，比如无线电控制的直升机模型、装电池的四驱车模型等等。但是这些模型的有趣程度完全无法和铁道模型相比。铁道模型涵盖了铁道系统中的所有东西，就连模型火车几点开车、走哪条线路，都和现实中一样，需要调度的指挥才能顺利进行。

要是还想玩得更尽兴，不只是车站、轨道线路和车辆基地等“硬件设施”需要还原，就连沿线附近的山、河、小镇等“软件设施”也全要再现。这样的玩法，被铁道迷们称为模型布局，也叫作“透视镜”。铁道模型的先驱者们，因为创造了这种铁道模型独有的乐趣，所以很自豪地将之命名为透视镜，以同通用的模型布局相区分。

早在20世纪初的欧美，模型布局这种玩法就已经普及，而在日本，直到战后的19世纪40年代中期，玩“布局”的人才渐渐多了起来。历史虽短，但在被称作透视镜的铁道情景模型制作中，却也涌现出了一大批优秀的成果。

在当今日本，“N轨距”虽然已经成为铁道模型的代名词，但这只是铁道模型规格的一种，并不能包含所有。除了N轨距，根据比例尺和轨间距的不同，还有“HO轨距”和“O轨距”等规格。也就是说，“轨距”在这里并不仅仅表示轨间距，也包含了比例尺这项参数，是一种模型规格参数的总称。

N轨距成为铁道模型代名词的原因也是因为它是国际通行的铁道模型的规格标准，模型制造厂商和模型家们大多都会用这个通行的规格制作模型。

铁道模型的规格分为以下几大类：

Z轨距（比例尺1/220、轨间距6.5 mm） **N轨距**（比例尺1/148～1/160、轨间距9 mm）

HO轨距（比例尺1/87、轨间距16.5 mm） **O轨距**（比例尺1/45～1/48、轨间距32 mm） **1番间距**（比例尺1/30.5～1/32、轨间距45 mm）

80年前的“出道”作

第一展厅“原模型的精髓”

原信太郎世界观的凝缩

1

这个展厅展示的是原信太郎收藏的铁道模型中最富有深意、最有故事的作品。展厅中央放置的是大约80年前，还是小学生的原信太郎制作的第一辆电动火车头。车体使用的是修理房顶时剩下的白铁皮废料，德国风的电弓架也是自己用铁丝做的。

除此之外，该展厅还展示了曾经行驶在朝鲜半岛、如今已经停业的金刚山电车轨道22号电车，与第一代“东方快车”相连接的木造卧铺客车，箱根登山铁道1形电车，被称为“某列车”的豪华客车等模型，这些模型旁均放有文字说明，上面写着原信太郎与该模型的实物列车之间不得不说的一些趣事。

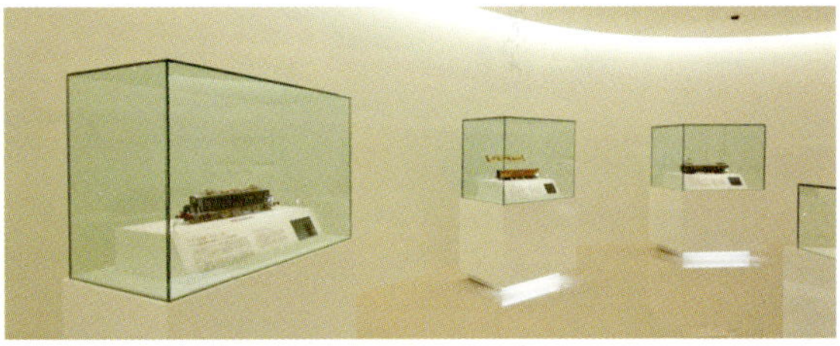

放在玻璃陈列架中的原模型，仿佛美术馆一般

DB BR05 001（左）。原信太郎的第一台手制铁道模型、8000号（右）。

金刚山电车轨道22号（左）。SBB Ce6/8 14284（右）。

通过模型学习历史与文化

第二展厅“会说话的模型”

模型讲述的铁道故事

2

第二展厅根据不同的主题被分为不同的展区。可以让前来观赏的客人通过这些陈列在展示架中的轨道模型学习到铁道的历史和文化。这个展厅的模型规格以 O 轨距为主，比较重要的主题有“吊挂式电车物语”“各国旅客列车物语”“日本铁道起源物语”“昭和的蒸汽火车头物语”“国产电动火车头诞生物语”和“百花齐放的私营铁路物语”等等。

除此之外，该展厅也用整整一面墙的空间介绍了曾经在原信太郎的家中开设的“香格里拉铁道博物馆”。作为压轴主题，吸引了众多观赏者驻足欣赏。

第二展厅布置得像休闲沙龙一样

陈列在展示架中的铁道模型，仿佛精美的工艺美术品

世界仅存的Marklin制德国伍珀塔尔单轨吊挂式电车模型

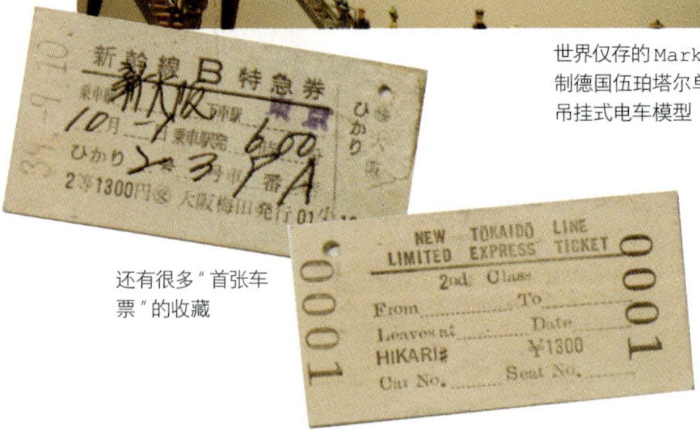

还有很多“首张车票”的收藏

令人惊异的探险精神就连当时的报纸也有报道

第三展厅“古董藏品”

数个“世界仅有”的藏品

3

这个展厅展示了原信太郎的古董级藏品，包括车票和模型等。

1930 年，还在庆应附小上学的原信太郎，就乘坐刚开通不久的特快“燕”号列车，开始了一个人的旅程。从此，他的铁路之旅一发不可收拾，甚至到过朝鲜半岛和中国东北三省。当时的报纸还登载过他的一件趣事：小原逃课买火车票的行径被学校发现并因此受到了处罚。

除此之外，原信太郎收藏的古董级铁道模型中，还有一个德国 Marklin 厂生产的单轨吊挂式电车模型。原信太郎小的时候曾经有一套一模一样的模型，但是那套模型在战争年代被烧毁了。现在展示的这套，是他 1980 年高价购买来的，因为是世界仅存的一套，因此十分珍贵。

连《少年画报》都曾经报道过原信太郎这位收集车票的狂人

当年的报纸上关于车票收集狂原信太郎的记载

无止境的铁道之爱

第四展厅“原信太郎和铁道史”

原信太郎的铁道人生

4

原信太郎3岁的时候，就被铁道的魅力吸引，成为了一名铁道迷，至今已经90余年了。这个展厅展示的是世界铁道的历史，同时也是原信太郎人生的历程。

关于原信太郎在战前的旅程，刚才在古董藏品的第三展厅有详细的介绍。这个展厅介绍了原先生在日本战后的高速发展期的人生历程，这段时间，日本和世界不断涌现出新的轨道交通技术，在“KOKUYO”公司工作的原先生，也因为发明了世界首个全自动立体仓库，而走上了人生的巅峰。虽然工作十分紧张，但他对铁道那无止境的爱不减反增，还有过多次实际驾驶火车的经历。

日本铁道的发源地横滨

第五展厅“横滨透视镜”

再现铁道时代初期的港口城市

5

这是一个规格为HO轨距的全景模型，它同时再现了横滨过去和现在的铁道与街道，过去的横滨车站（如今的樱木町车站）、马车道、华人街等也均得到真实还原。这里可以同时运行5台列车模型，不仅可以轻松地欣赏到火车行驶的雄姿，还可以感受到日本铁道的发源地——横滨的历史变迁。

第一代横滨站的真实再现

华人街的布局也得到真实再现

明治时期的横滨和现在的横滨被结合在同一个设计中

加工艺美术品般精致的模型

第六展厅“开馆特别展出” 6

实物列车的忠实再现

作为开馆特别展出，原铁道模型博物馆专门策划了“实物车的完全再现——精密的电动火车头 FS E626”展览。FS E626 是意大利国铁的用车之一，展出的是规格为 1 番轨距的模型车，是实物车的 1/32。模型的制作材料是镍银，没有经过任何焊接加工，仅受电弓就有 650 个，全部零件加起来超过 9 万个。各个机身的刹车都能运行自如，并且内置了发电机，忠实地再现了实物车的所有。

仔细观察细节，就会对它那精致的做工佩服得五体投地

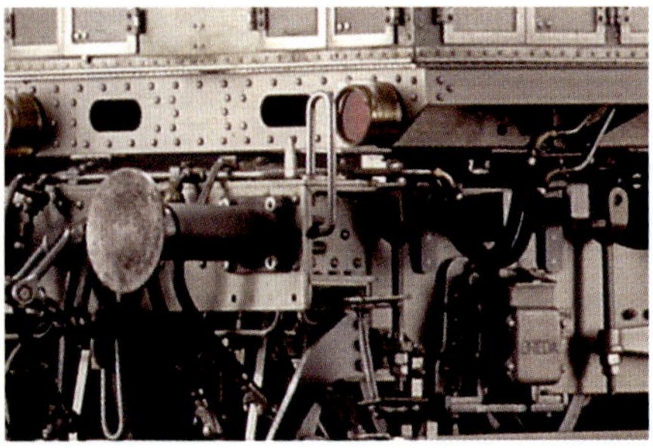

FS E626 可以算是原铁道模型的代表作

最大程度地发挥原模型的魅力

第七展厅“第一主题公园” 7

世界最大的铁道全景模型

模型上方的屏幕中播放着用缆绳牵引的摄像机拍摄的画面，宛如高空拍摄的效果。

在博物馆内的第一主题公园区，可以体会到原信太郎铁道模型的精髓。整个“公园”其实是一个规格为 1 番轨距的巨大的全景布局模型。

主干线围绕整个模型一圈，全程大约有 70 米。干线上行驶的列车包括 1 辆用蒸汽火车头牵引的列车，和 3 辆电动火车头牵引的列车。再加上 2 辆在各个分支线路上行驶的市内电车，整个模型内共跑着 6 辆列车，全部轨道长约 450 米。作为向公众开放的，而且能在室内运行的 1 番轨距模型，第一主题公园绝对是世界上最大的。

另外，整个模型以法国里昂车站为模板制作的全长 5 米的车站大楼模型为中心，各种街景、人物、汽车等都得到了极为细致的还原。模型中不仅有站内匆匆行走的行人和列车中轻声交谈的乘客，就连红绿灯等设施也照常工作，指挥着电车的行进。原信太郎特别钟情于欧式铁道，藏品中有很大一部分是欧洲型。因此，

第一主题公园中还有原信太郎家中模型制作现场的再现

各国的列车模型与欧式街景融合得天衣无缝

这个第一主题公园就是为了最大限度地发挥这些藏品的本色而设计和制作的。从那身临其境的真实感，以及模型中各个角色那一举一动的精致程度中，原信太郎对铁道模型的狂热的爱可见一斑。

轨道使用的是和实物轨道相同的材料——铁，因此，铁轨和同样是铁质的车轮相摩擦，发出了逼真的列车行驶的声音，也达到了提高行驶性能的目的。模型中电车使用的所有的架线都可以通电，为电车的运行提供充足的动力。

最绝的是，第一主题公园还会用照明灯光打出白天和夜晚的不同效果，全部演示一次大约需要 30 分钟，给观众们带去此生难忘的模型体验。

在天赏堂的协助下完成的全景模型

原铁道模型博物馆的创立，得到了日本老牌模型制造商——东京银座的天赏堂的协助。天赏堂成立于 1949 年，成立以来一直致力于铁制模型的制作，至今已有半个世纪以上的历史。没有天赏堂的帮助，原模型的特色无法发挥得如此淋漓尽致。在原信太郎对模型品质的执着追求下，天赏堂派出了 50 人以上的团队，共同完成了第一主题公园这个全景模型。以此次合作为契机，天赏堂与原铁道模型博物馆同时同地开设了“港未来”分店。

"THE MARK OF QUALITY"
Tenshodo®
Since 1949

原信太郎的铁道人生

2012 年 7 月 10 日，原铁道模型博物馆在横滨市三井大厦开馆。

博物馆内展示的约 1000 辆火车模型，全部来自一位世界著名的铁道收藏迷，同时也是铁道模型制作的顶尖高手——原信太郎的私人藏品。

原先生的大部分铁道模型藏品的轨距是 45mm，体积达到实物火车的 1/30 ～ 1/35，是市面上惯行铁道模型轨距的 5 倍。这个体积的模型一般被当作博物馆的静态展示品，然而在原铁道模型博物馆 310 平方米的巨大展厅中，这些模型竟然全都行驶在轨道上！能在逼真的环境中感受火车行驶时那扣人心弦的美妙，是原铁道博物馆独一无二的特色。

除此之外，喜爱 19 世纪古董铁道模型的人，还能在这里一边欣赏这些古董收藏，一边了解铁道发展的历史。有趣的是，原先生是 1933 年开业的帝都电车（现在的京王电车井之头线）发售的第一张车票的主人，这位用生命喜爱着铁道和铁道模型的人，也想将铁道世界的魅力告诉更多的人。因此，在横滨这个日本铁道的发源地，原铁道模型博物馆开馆了。

“幻影博物馆”——香格里拉铁道博物馆

原信太郎的模型藏品曾经被一部分模型家当作传说般的存在，而这些藏品对公众的首次开放，是在东京新宿的京王百货店于 1978 年 7 月 28 日至 8 月 9 日开办的特别展出“香格里拉之旅”上。

“香格里拉”的名字来源于詹姆斯·希尔顿的小说《消失的地平线》中那个与世隔绝而又充满神秘色彩的世外桃源。原信太郎将铁道世界看作如同香格里拉般的乌托邦式家园，因此将自己的收藏命名为“香格里拉铁道”。

我也有幸参与了这场展出的筹备工作，它带给我的冲击力之大，让我至今无法忘怀。

由于我也是个铁道迷，虽然段数不高，但对于1番轨距这个规格的铁道模型还是有一些了解的。这种模型使用的是“活蒸汽”（用煤和酒精作原料燃烧产生蒸汽，并以此为行驶的动力），因此必须在室外运行，且体积巨大。要展示这种模型，首先必须要有很大的室外场地才行。

然而，原先生收藏的1番轨距铁道模型几乎都是电动，完全符合在室内运行的要求不说，仔细看看那些运送模型的平板车的车轱辘，就会发现它们大多掉了漆，甚至变了形。可以看出，这些模型并不是整天陈列在展示架上，而是被频繁地搬运和运行。

铁道迷们都知道，1台火车头模型的价格可能与1辆真正的火车头的价格不相上下（有时甚至更贵……），起初我以为原先生为购买这些模型花费的金钱一定不计其数，但当我仔细观察这些模型的做工和运行状况时发现，这些居然都是手制模型！只要肯在制作环节上下功夫，就可以省下不少用于购买现成品的银子。并且，自制的模型也是独一无二的。后来，我还有幸参观了原先生的工作室，那里堆放着无数未完工的火车模型，从而印证了我的观察。原以为原先生只是模型收藏家，看来他更是一位狂热的模型制作家啊！从那以后，我对香格里拉铁道的看法产生了巨大的改变。

在京王百货店的这场展览中，共有超过4.3万人领略到了香格里拉铁道的魅力。以此为契机，香格里拉铁道开始频繁在铁道模型展和百货店的活动中出现，因此也被越来越多的模型家所知晓。

与这些展览合作时，原先生有一个不容妥协的要求，那就是在现场运行香格里拉铁道。在他看来，只有看到实际运行场面，观众们才能体会到香格里拉铁道的精髓。

对实物无止境的探求心

即使在室内也能欣赏到1番轨距铁道模型行驶的雄姿，光是这一点已经让我感动涕零，然而继续探究下去的话，这套电能的动力系统还包含了原先生独有的创造。

一般的铁道模型，从发动机到车轮的传动装置用的都是螺丝齿轮，将螺丝齿轮与涡轮组合，可以将旋转的轨迹变为直角，从而获得很大的减速比。但是，这种设计的缺点是无法实现从车轮到发动机的逆向旋转，也就是说，一旦切断供电，发动机停止旋转，整个列车立刻就停止了。

原先生从11岁的时候就立志要改良列车的动力系统，最终开发出了惯性运行的技术。即使切断供电，列车也能依靠惯性继续运行一段时间，再像真实的列车那样慢慢地停下来。停下来后，只需用手轻轻推动车身，就能启动列车的动力系统，使之继续运行。

实际上，这也是提高铁道运输效率的秘密所在。原先生将现实铁道所拥有的魅力和特性，在模型的世界中真实地再现了出来。

原铁道模型博物馆 原信太郎简历

1919年生于东京都。大学毕业于东京工业大学工学部机械学科。太平洋战争后退伍，在KOKUYO股份有限公司担任技术开发员。在职期间，开发了世界首个全自动立体仓库，掀起了一场物流革命，还开发了办公家具的自动制造线。拥有300项以上的个人专利。1990年，在自宅开设了香格里拉铁道博物馆，展示了多年来自己制作、收藏的铁道模型。退休后，于1991年创设了“财团法人原·智能通信体系”基金。

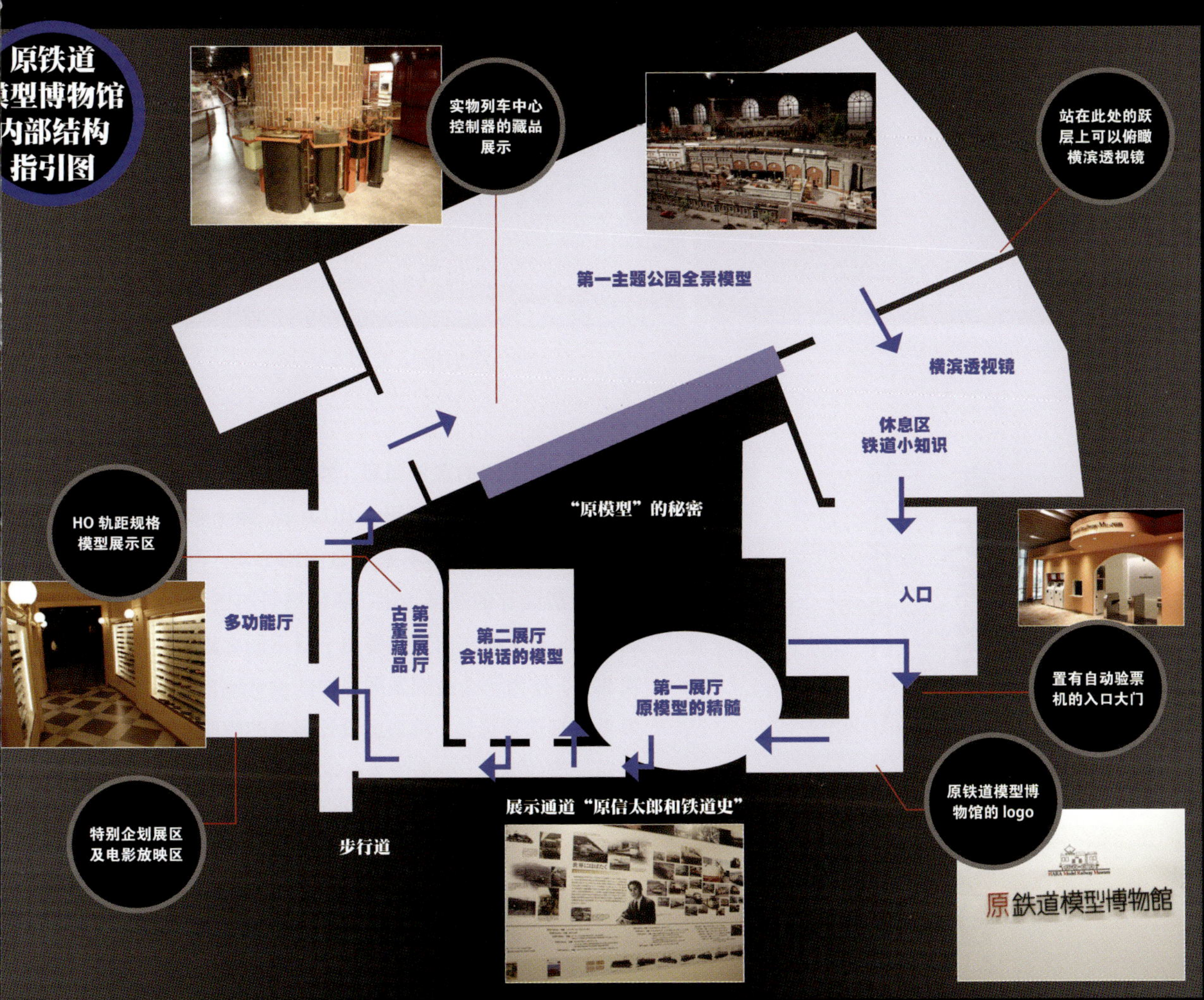
原铁道
莫型博物馆
内部结构
指引图
实物列车中心控制器的藏品展示
站在此处的跃层上可以俯瞰横滨透视镜
第一主题公园全景模型
横滨透视镜
休息区
铁道小知识
"原模型"的秘密
HO 轨距规格模型展示区
多功能厅
第三展厅
古董藏品
第二展厅
会说话的模型
第一展厅
原模型的精髓
入口
置有自动验票机的入口大门
展示通道"原信太郎和铁道史"
原铁道模型博物馆的 logo
特别企划展区及电影放映区
步行道
原鉄道模型博物館

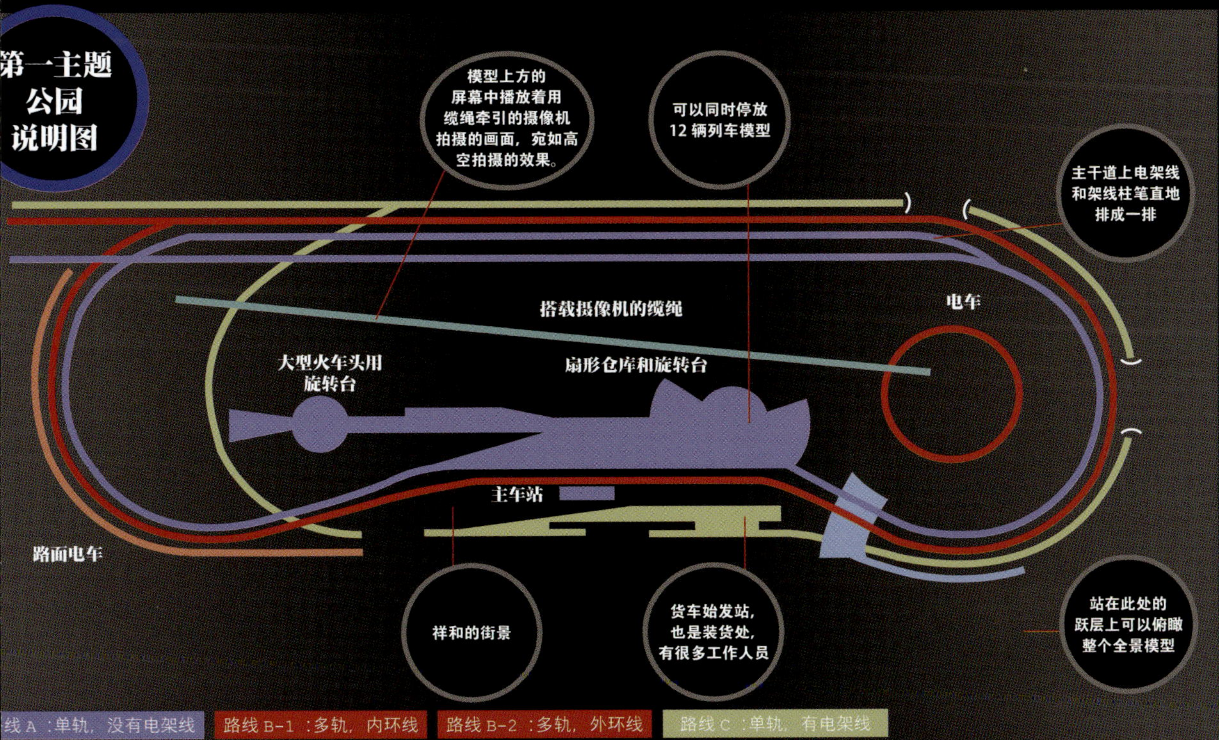
第一主题
公园
说明图
模型上方的屏幕中播放着用缆绳牵引的摄像机拍摄的画面，宛如高空拍摄的效果。
可以同时停放 12 辆列车模型
主干道上电架线和架线柱笔直地排成一排
搭载摄像机的缆绳
电车
大型火车头用旋转台
扇形仓库和旋转台
主车站
路面电车
祥和的街景
货车始发站，也是装货处，有很多工作人员
站在此处的跃层上可以俯瞰整个全景模型
线 A :单轨，没有电架线
路线 B-1 :多轨，内环线
路线 B-2 :多轨，外环线
路线 C :单轨，有电架线

在东京设计周里加值设计能量

吴东龙の设计疆界

吴东龙 / text & photography

从 2003 年开始的意外机缘，趁着入秋的 10 月末，到东京去看设计周。2012 年，第十年观察东京设计周，早不是看热闹的心态，而是在经历设计的高低浪潮、环境局势的更迭起伏后，希望能在门道里看出一些不同之处。而东京，作为一个亚洲发展最快的设计城市，本身就很值得造访，再加上设计展览的辉映，短短一周的展期，更是让人舍不得错过。

过去，我多从设计展览的展品来观察，此次且容我从“看展览”与“设计挙”这两个抽出的新的面向，在这强调成熟发展的设计城市里，观看设计的变与不变。

设计展览的设计术

展览设计怎么看？东京设计周号称是亚洲最大的设计展览，每年呈现出怎样的设计氛围、传递出哪些设计讯息？总让许多设计爱好者好奇关切。

观看设计的角度，从门票识别证的设计、场地挑选、展场布置、主视觉形象、展出内容等，会让人印象深刻或如过眼云烟般无感，个个都是关键。对于初次看展览的人来说，每个环节或许从白纸开始记录评比，但对已

有观展经验者来说，有了先前的对照组，每个环节都可能是从及格分数开始，非加即扣的重点，设计观后感自是因人而异。

对于看展多年的识途老马，新鲜感与失落感早已能淡然领受如我，这回倒是想体验看看重视细节的日本人，要在今年的设计周里释放出一种如何不同的讯息。今年的三大主要活动“TDW”（东京设计师周）“DESIGNTIDE TOKYO”与“Tokyo Midtown DESIGN TOUCH”，其分别是代表：有超过 20 年展览资历血统纯正的法人组织、创造差异的设计人，以及商场企业等三种不同背景底蕴的展览，而在各自的展场里更可看到每个设计展览极力去创造出独特的展览性格，像 TDW 就努力将展览层面做大做广，关照产业也关照大众；DESIGNTIDE TOKYO 则积极营造出风格新颖的展场与能带领趋势的精致展品，着力于新的设计氛围与代表日本新一代设计师的设计网络；至于 Tokyo Midtown DESIGN TOUCH 即是在商场空间里透过设计活动既宣扬亦推销设计，品味设计，可以从最实际的“拥有”开始。这三个大型的展览体现的，正是我们常看到的日本性格，不去盲从追随一窝蜂地复制展览模式，或是扩大预算去堆砌不切实际的设计荣景，而是在既有的环境限制下各自做出“差异化”与“区隔性”才得以被大众看见。

也因此，设计周里有各式标的不同，形态、领域各异的设计展览，于是整合这些多如牛毛的设计资源与讯息，显得更加要紧。

日本杂志《Casa Brutus》每一年都会全面性地以报刊的形式率先报道设计周里的展览精选与各个景点，莫定杂志在设计业界的领导角色；而日本最大的设计讯息网站“Japan Design Net”，无论网站还是实体传单也都同步宣传这三大展览。这些有用的讯息整理，为喜爱设计的民众牵线，让他们得以被引导去接触设计，也得以品味设计。

因为有“区隔”，所以不用担心被比较，更可以因为被“整合”而得以把饼做大，共荣共存。个别展览可以相互拥抱串联，设计资源可以分配整合获得最大效益，这是何其重要，毕竟设计展览如同设计商品，需要被知道、需要被引介，这些好展览才能被设计师之外的更多人所看见。

反观我们所处的环境里，每年总是有许许多多与创意、设计相关的展览，当中彼此的差异何在，除了量化差异外，质的比较上特色与核心何在？尽管东京的设计周不见得处处是块宝，但对于想要在设计产业有所加值提升的人们来说，东京设计展览的各个面向，都是值得参考与思考的借镜。

东京设计周里的设计奖

先前提到的东京设计周里的活动中，TDW、DESIGNTIDE TOKYO 与 Tokyo

Midtown DESIGN TOUCH 三强鼎立的态势俨然成形。其中我特别想再深入谈论有关在 Tokyo Midtown 这个六本木的大型商业设施里所举办的 DESIGNTIDE TOKYO 设计活动。这也是随着 Midtown 开幕以来，不断成长并连续举办到第五年的商场内设计艺术活动。然而讲到 Tokyo Midtown，它一直是个愿意运用设计智慧也愿意尝试创新的商业设施机构，他们一开始在硬件建设上就通过与许多不同设计、建筑领域内的顶尖人物合作，增加了自身的品牌光环。在 Midtown 里，你可以看得到不同派别的知名建筑师安藤忠雄、隈研吾、青木淳，也看得见英国设计师特勒斯·康兰（Terrace Conran），葛西薰、佐藤卓与艺术家安田侃等各自的创作分布在商场区域内，同时在这里的购物商场的楼层中，更有一整层是以日本原产原制的家饰家具品为主的商店街，为现代的日式风格生活定调。而关于设计设施，它有串联设计师与展览的 Design Hub 复合空间，也有与时尚、设计、建筑相关的 21_21 design sight 设计博物馆，展现从未曾停歇的精彩设计活力。

奖×设计×展览×营销

他们办起设计展览来也毫不吝啬，也急欲将设计活动与商场作结合。过去，他们善用自身空间的优势，从室内到户外，天空到水中，每个都是可以发挥的舞台。而从今年来看，DESIGN TOUCH 用“奖”这件事情有趣地串联起许多在 Midtown 里的展览。关于对设计的“奖项”，是肯定、是鼓励、是定调，在商场中更是营销。从这个观点来看，我看出“奖 × 设计 × 展览 × 营销”之间的关联性。第一个例子是 Midtown 此次举办了一个名为“世界设计赏等等”的展示主题，将商场内店家里有过 Good Design、Red Dot、IF 与 IDEA 等国际赏加持的生活用品，以别具巧思的陈列方式加以展示，如用投射灯的灯光，照亮这些台架上的生活好物，来点亮居家的生活品位，还分别清楚标明在商场内的哪间店可以找到这些设计名物，这是兼具设计与商业的设计展示。

好设计，亲口说

另一个例子是日本每年都会举办与“Good Design Award”有关的动态活动。Good Design Award在日本举办超过50年的历史，从娱乐文化产业到建筑环境等，不吝于表彰不同领域的年度好设计，并且协助一般大众去辨识何谓好设计，不只在日本，在亚洲甚至世界，都具有指标性的设计奖项。今年的Good Design活动，则是选在Midtown商场里举办“Good Design Best 100 Presentation”活动，连续三天让近百位设计师们亲自上阵，以论坛的形式分别从“丰富生活的设计”“让产业前进的设计”与“改变社会的设计”三个面向发表阐述100件年度最佳好设计，并透过youtube网络视频让全世界的网民都能在线收看，在鼓励设计的同时，重塑了商场不光是购物消费的商业场所而已，还是深度将设计知识与信息植入其中，藉此把设计产业与大众生活面对面交流联结的设计事件，力道十足。

同赏承载文化与现代共鸣的设计

除上述之外，还有一个展览与奖项有关，那就是年年令我引颈期待的“Tokyo Midtown Award”。这个奖项已是连续举办到第五年的活动，主要是鼓励设计师找出能传递日本文化与价值观的设计风格，而且每年都会有一个鲜明的主题让参赛的创作者发挥。因此历年来分别以“Japanese New Souvenir”（2008）、“Japanese New Gift”（2009）、“on the green”（2010，因为Midtown的设施腹地中，绿地就占了40%的面积比例）、“5”（2011）与今年的“安心”（2012）作为竞赛主题，每个主题都反映出每个阶段里，设计与人的微妙关系，尤其在大环境变化快速与持续动荡的年代，今年“安心”这个议题，也促使参赛者在咀嚼环境与人的关系之后，孕育思考出与众不同的设计作品，或以幽默或以温馨看待。比方说，有人以御守（祈求平安的护身符）造型做成的暖暖包，让赴考场的学子感受暖意与祝福，或是以飞机轮廓勾勒的OK绷，让小朋友想象贴在伤口上让“痛痛”赶快飞走。

在过去，这些获奖作品都有逐步量产与销售的计划，甚至竞赛重量级评审团，包括剧作家小山薰堂、柴田文江、佐藤卓、原研哉与水野学，都是在设计领域备受肯定的设计大师，五年来也累积出此奖项的价值特色，更逐渐展露设计的新风格。而日本的设计，也因为对新设计的催生与鼓励，而让人持续期待着其永续的设计能量。

知日 DRAMA ON AIR

罗越 / text

《薄樱记》

日本式武侠巅峰之作的再演绎

每个人都会受困于社会的束缚，在宿命面前常常显得如此无力。也许，我们能做的唯有如樱花般，美丽而静谧地死去。

日本有没有武侠小说？日本的武侠小说有怎样的特色？在“后 3·11”时代，日本人如何审视自己的历史？

提起中国的通俗文学，金庸的武侠小说在华文世界的地位不言而喻。他的“飞雪连天射白鹿，笑书神侠倚碧鸳”就算没看全，也总算耳熟能详。很多爱书人甚至坚持认为，他在文学领域的造诣和影响力远远超过新科诺贝尔文学奖得主莫言。在日本，五味康祐的文坛地位恰恰与金庸相仿。

五味康祐与文豪太宰治、著名相扑力士男女川登三并称为“三鹰三奇人”，是日本著名的小说家。借助上世纪 50 年代报刊业的飞速发展，他凭借连载小说一跃成为人气作家，其作品开创了全新的“剑豪小说”体系。这一点恰恰与金庸在《明报》上连载武侠小说的经历异曲同工。这位日本武侠大家自然也有传奇性的一生，在写作之余，他爱好古典音乐和麻将，曾经出版过多部相关的“指南书”；1961 年，五味因驾车严重肇事被捕，后经川端康成等文坛巨擘联名请愿，最终获得轻判。58 岁的他死于肺癌，墓地选在镰仓建长寺。言归正传，这位“日本武侠大家”最擅长的题材正是柳生十兵卫系列和大名鼎鼎的“忠臣藏”。

日本历史上著名的忠臣藏事件，熟悉影视剧的读者想必不会陌生。时值 18 世纪初叶、江户时代中期，赤穗藩藩主浅野长矩突然在江户城拔刀砍杀吉良义央，虽未伤及性命，却也造成吉良多处刀伤。当时的第五代将军德川纲吉 ※ 热映电影《大奥～永远～》中菅野美穗扮演的人物 当天宣布严惩不贷，命令浅野长矩切腹自尽，浅野家与吉良家遂势同水火。赤穗方认为判决不公，应当按照“喧哗两成败”的惯例处决吉良，即一个巴掌拍不响，只要斗胆在将军御前拔刀相向，就应该受到同等的处罚。当然，赤穗方的请愿并没有得到幕府的采纳 ※ 吉良当时并未拔刀，随着当事人的死，斩杀吉良的理由也成了千古谜团。2 年后，47

人趁夜色闯入吉良府邸报仇，虽成功杀死吉良义央，将其首级供奉于浅野长矩墓前，但也逃不过制裁而先后丧命，后世称他们为“赤穗 47 浪士”。日本三大复仇故事之一的忠臣藏事件发生后仅 3 年就被搬上《人形净琉璃》的舞台，其后改编这一题材的作品可谓数不胜数，直至今天依然经久不衰。NHK 电视台就曾先后 4 次将这一题材搬上银屏，拍摄长达一整年的古装历史“大河剧”。

2012 年 7 月，NHK 再次改编了五味康祐的忠臣藏题材小说《薄樱记》，台前幕后的倾情投入甚至丝毫不逊于同时播出的年度大河剧《平清盛》。这部 11 集的电视连续剧邀请到编剧界泰斗、78 岁高龄的詹姆斯三木执笔，他的大河剧《独眼龙政宗》※ 渡边谦主演，平均收视率 39.7% 至今保持着无人能破的收视神话；担任导演的清水一彦曾拍摄大河剧《新选组！》※ 香取慎吾主演《风林火山》※ 内野圣阳主演，近期执导的特别剧《蝴蝶夫人》※ 宫崎葵主演也大获好评。

在强大的幕后班底的支持下，主演山本耕史的演技全面爆发，剧中的古装扮相更是堪称惊艳，评论界普遍认为这是他继《新选组！》中的土方岁三后塑造出的又一个入木三分的历史人物。而但凡成功的剧集，每个人物都是立体的。除了主角山本，柴本幸的气性、长塚京三的风雅、津川雅彦的倔强、江守彻的巧言、高岛政伸的庶民都让人过目不忘，友坂理惠、万田久子、新晋女演员藤本泉的戏份也让人过目难忘，铺展开一幅丰富而生动的江户浮世绘。

忠臣藏的故事早就拍烂了，本剧却称得上别出心裁。詹姆斯三木在原作的取舍方面颇费了一番心机，不但紧紧围绕旷世剑侠丹下典膳与妻子千春的爱情、与堀部安兵卫的友谊进行叙述，还对忠臣藏事件的来龙去脉删繁就简，个别关键性场面甚至一笔带过。例如“殿中刃伤”一场戏，一改往日浓墨重彩的表现手法，仅用近乎能剧的几帧镜头加以诠释，暗合了浅野长矩斩杀吉良义央至今难解的悬案特质，也用大量留白确立了与其他作品截然不同的格调。只因回望过去，历史事件往往是抽象的，唯有人与人之间的情谊才最真切。结尾“雪之墓”一处戛然而止的处理，也留给人余韵深长之感。

纵观全剧，不难发现《薄樱记》不似中国武侠那样着力刻画刀剑招式，“杀阵”场面数得上来的也仅有“安兵卫高田马场”和“复仇前夜宿命对决”等几处。相反，剧集大量使用了雪、月、花等隐喻日本文化的象征性意象。谷中七面社的樱花和雪夜首尾呼应，那里既是男女主人公邂逅的地方，也是他们最终的归宿。典膳夫妻每年都在七面社赏樱，一度分居两地的他们曾在那里“巧遇”，与安兵卫的宿命对决也发生在那里……明月当空，在飘落的薄樱中挥舞长刀的典膳身上更是汇集了所有日本式的情绪。

同时，编剧借主人公丹下典膳之口多次提及何为真正的武士，那些对信念的体悟、对生死的思考无不传递出传统的日本式价值观，同时也透露了“后 3 · 11”时代普遍的追问和反省。无论哪个时代，每个人都会受困于社会的束缚，在宿命面前常常显得如此无力。也许，我们能做的唯有如樱花般，美丽而静谧地死去。

内村鉴三的《代表性的日本人》、冈仓天心的《茶之书》以及新渡户稻造的《武士道》被公认为了解日本文化的经典学术作品，那么，不必苦心研读学术著作，NHK 的这部《薄樱记》或许是我们一窥日本精神底里的门径。

制作：NHK
播出时间：2012 年 7 月（周五晚 8 点档）
原著：五味康祐
编剧：詹姆斯三木
导演：清水一彦
演员：山本耕史、柴本幸、高桥和也、友坂理惠、忍成修吾、小岛庆子、万田久子、高岛政伸、江守彻、津川雅彦、长塚京三等

告诉我吧！日语老师

人以群分

人は類を以てあつまる

刘联恢 / text

離れ世代

自古以来，人们对于物质的追求就没有停止过。从某种意义上说，这也是人类文明进步的一个动力。譬如说如今不断换代更新的数码电子产品，以苹果为例，三五年之间就从 iphone 一代进步到了 iphone5※在此谨向英年早逝的乔布斯致以敬意，他为我们带来了全新的电子产品概念，可以说，现代社会已经是一个物质产品极为丰富的社会了。

但是时光流到今天，在这么好的生活条件下却产生了被称为“離れ世代”的一群人，特别是在发达国家日本。这群“远离物质的人”对于五光十色的现代生活没有那么强的追随愿望。换言之，他们是物质欲望淡薄的一代人。他们打从一出生就有着相对优越的物质条件，家里车房俱备，电脑、液晶电视、游戏机这样的娱乐设备应有尽有。因此他们的生活中不会有什么特别想要的物质产品，对于琳琅满目的商品以及娱乐生活，这批人表现出的态度是觉得可有可无，离开这些物质条件也无所谓。

比较具有代表性的就有本世纪初日本年轻人中出现的“車離れ、バイク離れ”※不购车、不买摩托；之后又出现了“ビール離れ”※不饮啤酒、“海外旅行離れ”※不去海外旅游等现象。除此之外，还有“洋画ばなれ”“登山離れ”，欧吉桑们年少时憧憬的外国大片，还有显示男人毅力的登山运动等等，就更引不起这一代年轻人的兴趣了。

虽然清心寡欲不是什么坏事，但是年轻人倘若对物质不感兴趣，GDP 该怎么增长呢？这也是令各种商业、服务业头痛的一件事啊。

アーバニスト ※urbanist：

在我的朋友里面，颇有一些是喜爱穿越的户外达人。他们一到节假日就组队去青藏、云南、贵州、四川等地徒步，非常享受野外生活。对他们来说，条件艰苦反而是一种享受，拍回各种照片在网上一晒，底下羡慕者云集。

但是也有一拨人，号称离开城市就无法生活。他们享受城市里各种各样便利的生活条件：在家里各种家电、现代科技产品一应俱全，饿了有外卖服务，累了有按摩浴缸；想买点什么生活用品，楼下就有便利店；万一想出门呢，下楼一伸手，的士就招得来，小区外边没几步就是大型超市或商场。想去看朋友，开车就走，郊游、野钓一日往返，这就是神仙般的都市生活。他们要是出门旅游，稍微条件不方便的地方就不考虑。没有舒适柔软的大床，没有干净宽大的卫生间日子就没法过。这可不是夸张的说法，有这么一个例子：一个朋友出差没几天，就在微博上念叨想念自己家的温水智能马桶了。这些享受大城市生活的人，在日语里就被称为“アーバニスト”。

アーバニスト是一个“和制英语词”，这个词有两个意思，一个是指“城市规划专家”，另一个就是指上边所述的“城市生活享受者”了。英语则是“urbanist”。

外（そと）キャラ・天然（てんねん）キャラ・陰（いん）キャラ・ばりキャラ・いじられキャラ：

每个人都很在意自己在别人眼中的形象。用日语说就叫作“キャラ”，是“キャラクター”的简称，代表一个人的个性、形象。年轻人尤其是这样，所谓的“耍酷”“耍帅”“扮靓”等等，无非是为了给别人留下个好印象。

日本人的个性常常被解读为“谨小慎微”，因此他们也就格外在意别人怎么看自己。特别是当身处人群当中，一定要马上 hold 住那个场面的气氛。注意，这里并不是震慑住全场的气势，而是把握住全场的氛围走向并以此来指导自己的行为语言模式。

家长、前辈们经常挂在嘴边的“お前空気（くうき）を読（よ）め”就是要自己的孩子或者后辈“读懂当场的气氛”，踏踏实实尽好自己的本分，不要出现什么出格或者不合时宜的举动。

为了达到周围人这样严格的要求，很多人不得不在人前小心翼翼地扮演一个与自己本性并不相应的人格，非此不能取得大家的欢心。因此也就出现了“外キャラ”这个词，意为“表面人格”。一旦与他人在一起，表现出来的自己就不一样了，正所谓“简直像换了个人似的”。

像这样以キャラ结尾的词，在日语中还有很多。比如说“天然キャラ”，这个词在动漫作品中俯拾皆是。现在已经在青少年用语中固定下来，指的是那些行为举止经常表现得很呆的角色，并且这个词也已经进入了汉语的网络用语，即大家所熟悉的“天然呆”角色。

又比如说“陰キャラ”，这个词的意思是指不管本来性格是怎样的，但是到了集体当中就寡言少语、内向沉默的人。也指平时放学以后不参加社团活动，更喜欢在家上上网、玩玩游戏的青少年。这些孩子还没到“御宅”那样的程度，只是比较喜欢自己待着。

除此以外，还有“ばりキャラ”，指那些在团体中闪闪发亮，指挥若定的领导人物。以及“いじられキャラ”，这个词稍不小心容易看成“いじめられ”※被欺负，实际上也差不多，指的是那些经常被取笑、被戏弄的人。人如果太老实，就很容易遭到戏弄和轻视。

如果你对自己在人前的形象有所不满，也可以换个发型，改变打扮，当然最好言谈举止也都改变一下，实现“キャラチェン”※キャラクターチェンジ的缩略语，意为改变形象，改换一个新的形象。

デジイチ女子 ※じょし：

自从数码相机面世以来，这个市场就一直处在飞速发展和成长的状态中，各家厂商不断推陈出新，如果想买一台数码相机，先不用说日系、德系，单是卡片机就会让你挑花了眼。

“デジイチ”这个词，即“デジタル一眼レフカメラ”※digital single-lens reflex camera，也就是我们说的“单反数码相机”。作为摄影爱好者，单反套头烧点儿钱那是最大的乐趣。以前手执单反机街拍的多为男性，但是最近这两年，女性摄影爱好者也步入了主流行列。

作为一位“デジイチ女子”※单反女生，你必须先有一台自己的爱机，并且按照自己的爱好为机器“打扮”，比如贴上些闪闪发光的水钻什么的……※这是我幻想出的恶趣味，广大女性摄影发烧友一定有更高的品位随时带着它出街拍摄，拍出来的片片第一时间发上微博或博客给大家欣赏……

话说当初女性都是比较青睐卡片机的，盖因单反机又重，操作起来也麻烦，特别是女性一般都比较节俭，不会轻易陷进各种各样镜头的泥沼之中。不过随着技术的发展，单反的机型也有了很大的改进，机身变得轻巧，操作也简便多了，重要的是价格也呈现越来越亲民的趋势，因此越来越受女性欢迎，デジイチ女子的出现也就是必然的了。

不知道在日本网站上秀出摄影成果时，下面的跟帖会不会也是一串的“毒，德味，大师，求套图……”

渋秋(しぶあき)ギャル：

日本的涩谷和原宿曾经是时尚少女的梦想之地。据说，如果你想知道日本当下流行什么，你只要到涩谷跟原宿去走一圈就尽在掌握了。所以，以前曾经有“渋原系ギャル”的说法，但是这个词如今已经悄悄进化成了“渋秋系ギャル”，也可以简化称为“渋秋ギャル”。

顾名思义，“渋”当然指的还是涩谷，这个地方一直以来就是东京流行的风向标之圣地。“秋”自然就是中国人也非常熟悉的秋叶原了，如今已经是新的时尚代名词。

曾几何时，秋叶原还只不过是电器商场集中地，大批的游客去那里只为了带回质优价廉的日本电器——电饭锅、摄像机、录像机……而现在，随着动漫文化的发展，这里也成了游戏迷、动漫迷最爱的场所，你可以在这里买到各种各样的周边产品，如果你热爱日本动漫，秋叶原一定得去一趟。

所以，与时俱进的日语新名词中出现了渋秋ギャル一词。翻翻日本网站的帖子，可以发现一个有趣的变化：以前时髦的涩谷女孩觉得秋叶原那些模仿动漫人物，头上扎着大大蝴蝶结，身上穿着泡泡裙的女孩子很“ダサい”——土，可是网络文化推动了动漫流行，现在她们也不得不吸收这些元素，和秋叶原的小妹妹们融合，并称为“涩谷秋叶原女孩”了。

日本关于渋秋ギャル的报道

スイーツ男子(だんし)：

上边说到了有关女孩儿的时尚话题，下面来说说男性。

说到甜食，一般人觉得这仍然是女性的特权。所以，尽管日文中有“甘党(あまとう)”一词，但是从前这个词放在男性身上，估计也就是红茶里多放几块糖的程度了。日本男人过去崇尚“渋(しぶ)い”的形象，因此蛋糕店、点心铺很少能看到他们的身影 ※ 尽管点心师傅是男的。

不过，现在的男人似乎改变了观念，并不觉得男人就一定得成天喝黑咖啡。所以喜爱甜品的男性瞬间多了起来——其实可能只是他们不再掩饰自己对甜食的爱好了，由此，就出现了“スイーツ男子”这个词，意为“甜食男子”。

日本的时尚杂志《DIME》是一本主要面向男性读者介绍流行风尚的读物，杂志不止出版纸媒，而且还为爱好甜食的男性读者专门开设有名为“スイーツ男子部”的社交网站。这个网站的起源还要追溯到日本的便利店对顾客无微不至的消费习惯调查。调查结果显示，男性和女性一样喜爱甜食，甚至到便利店购买甜食的男性占了大多数，因此便利店推出了以男性顾客为主要对象的“特大”甜品销售活动。男人可以在便利店购买自己喜爱的甜食回家而不被别人注意到。

现在各大食品公司都已经照顾到了男性对甜品的需求，为甜食男子推出了布丁、冰激凌、巧克力、泡芙等多种产品，嗜甜的男人也终于可以一饱口福了。

ギャル男(お)・チャラ男(お)・タわ男(お)・シャカ男(お) p201・乙男(おとめん) p103：

也许是因为生活太安逸了，日本年轻人中，男性表现出越来越多他们的父辈、祖辈所鄙视的特质，表现在各个方面。从生活上的爱吃甜食，不喝啤酒，不愿参加社团或者体育俱乐部；到进入社会后工作上的心理抗压能力越来越差，越来越难在工作岗位上待久等等，因此日语里面也出现了一些描绘男性的新名词。

首先就是“ギャル男”，这是“ギャルのような男(おとこ)の人”的简称，汉语里也有一个相对的词“娘男”。这样的男孩子看着就没有扛起生活重担的勇气和能力，在中日两国，估计都是受到鄙视的对象。

日语有个拟声拟态语“ちゃらちゃら”，本意说的是细碎的小珠子或者小铁片互相撞击发出的声响，后来指那些穿着廉价浮华衣

服的人，转而指一心想引起女孩子瞩目的没有什么内在的轻浮之徒。也就是“チャラ男”。

“タわ男”的含义就没有以上两个那么重的贬义色彩，这个又是日语名词极端简略化之后的产物，全称是“タイミングが悪い男の人”※ 老是把握不住时机的人。日语里面把时机、机会称为“タイミング”，“时机恰好”就是“タイミングがいい”。想想这样老是错过最佳时机的人，不禁觉得有点儿可怜。

“シャカ男”来自“シャカシャカ”。シャカシャカ也是一个拟声词，是指轻微的“沙沙”声。什么样的男人会总是发出轻微的“沙沙”声呢？就是那些坐地铁或是坐电车时戴着头戴式耳机大声听音乐的人。声音太大以至于旁边的人都能听到他耳机里热烈播放的音乐。当然，他们的目的大约也是要让边上的人听见吧。

最后介绍一下“乙男（おとメン）”，这个词和前边的ギャル男尽管一望之下容易觉得类似，可绝不是近义词。满足这个称号需要的条件可不少，首先要有一颗敏感而柔软的少女心，其次要会烹饪、裁剪等十八般武艺，对化妆和时尚了如指掌，爱读少女漫画，并且还得有男性的风采。小池彻平、濑户康史这样的花样男子是其中代表。所以……这完全是以赞美的立场来说的哦。

同担（どうたん）：

我曾在北京看过一场演唱会，登台的是广大日剧迷都很喜欢的杰尼斯组合“SMAP”一众。这里插句题外话——作为中日友好 40 年的使者，他们的确挺合适的，因为知名度太高了。演唱会制作很精良，曲目经过精心挑选，帅哥们不但秀了几句汉语，还演唱了两支中文歌。※ 还有美女林志玲上场打酱油……那天演唱会快结束时下起了雨，敬业的五位帅哥在雨中又唱又跳，一直坚持到最后。

对于演唱会本身有各种各样的评价，本国明星的演唱会也同样气氛热烈、粉丝众多。不过那次令人印象特别深刻的就是从日本、韩国以及台湾、香港等地追随而来的粉丝，他们自始至终情绪热烈，虽然有座位，但是没看见有谁坐下，一直都是跟着又唱又跳到最后。

这次演唱会也让我注意到了一个词，就是“同担（どうたん）”，说的是有着共同钟爱的明星、组合、艺人的这些粉丝。所谓同担，仍然是缩略语，原本是“同（おな）じ担当（たんとう）”，最早也是杰尼斯美少年的粉丝们提出来的。

不过，当你看到“同担 NG”这个词的时候不要吃惊，这是出于对偶像的独占欲，因此不允许别人跟自己一块儿粉，把希望共同切磋的别人给 NG 掉了。

おしえてちゃん：

会一点儿日语的同学应该对“おしえて”这个词非常熟悉吧，如果我们有不懂的地方要请教别人，用日语说就是“教（おし）えてください”，也可以理解成“告诉我吧”。这是一句很有用的话，不管你是要八卦或是要求知，都可以用这句话来搞定。

于是，伴随网络的发展，出现了一批求知欲强烈、热爱问问题的网友。不只是爱问问题，还表现为提各种各样的要求。特别是在百度知道、爱问知识人这样的网站上，每时每刻都可以看见。

“内事不决问 ××”流行开的结果就是——虽然是很简单的问题，只要随便一查就能得到答案，可很多人还是习惯性地马上就去问别人：网上充满了各式各样的“求问”“求助”“求解惑”“求转让”……还有海量的“求安慰”“求抱抱”……

以 2ch 为代表的日本网站上，也活跃着这样的人群，被称为“おしえてチャン”。他们不断提出问题，不断向别人寻求答案，希望一切信息都能从别人那儿获得，说“おしえてチャンでごめん”※ 不好意思我是个“求助党”。习惯于“不麻烦别人”文化的日本人，当然不喜欢这样的人，于是渐渐地，这个词就成了一个贬义词了。

《知日》零售名录

网站
- ○卓越
- ●当当
- ○京东
- ●快书包
- ○中信出版社淘宝旗舰店

北京
- ●西单图书大厦
- ○王府井书店
- ●中关村图书大厦
- ○亚运村图书大厦
- ●北京三联书店
- ○字里行间书店
- ● Page one 书店
- ○万圣书园
- ● 7-11 便利店

上海
- ○上海书城福州路店
- ●上海书城五角场店
- ○上海书城东方店
- ●上海书城长宁店
- ○上海新华连锁书店港汇店
- ●季风书店陕西路店

广州
- ○广州购书中心
- ●新华书店北京路店
- ○广东学而优书店
- ●广州方所书店
- ○广东联合书店

深圳
- ●深圳中心书城
- ○深圳罗湖书城
- ●深圳南山书城

南京
- ○南京市新华书店
- ●凤凰国际书城
- ○南京大众书局
- ●南京先锋书店
- ○安徽图书城

天津
- ●天津图书大厦

西安
- ○陕西嘉汇汉唐书城
- ●西安市新华书店
- ○陕西万邦图书城

杭州
- ●博库书城
- ○杭州庆春路购书中心

郑州
- ●郑州市新华书店
- ○生活．读书．新知三联书店郑州分销店
- ●郑州市图书城五环书店
- ○郑州市英典文化书社

山东
- ●青岛书城
- ○济南泉城新华书店

湖北
- ●武汉光谷书城
- ○文华书城汉街店

湖南
- ●长沙弘道书店

福建
- ○福州安泰书城
- ●厦门外图书城

云贵川
- ○贵州西西弗书店
- ●重庆西西弗书店
- ○成都西西弗书店
- ●文轩成都购书中心
- ○文轩西南书城
- ●重庆书城
- ○新华文轩网络书店
- ●重庆精典书店
- ○云南新华大厦 昆明书城
- ●昆明新知图书百汇店

广西
- ○南宁书城新华大厦
- ●南宁新华书店五象书城

山西
- ○山西尔雅书店
- ●山西新华现代连锁有限公司图书大厦

东北三省
- ○新华书店北方图书城有限公司
- ●长春联合图书城有限公司
- ○哈尔滨中央书店
- ●大连市新华书店
- ○沈阳市新华书店
- ●哈尔滨市学府书店
- ○长春市学人文化传播有限责任公司
- ●长春市新华书店
- ○黑龙江省新华书城
- ●鞍山市新华书店

西北地区
- ○甘肃省新华书店西北书城
- ●甘肃纸中城邦书城
- ○宁夏银川市新华书店
- ○西宁三田书城
- ●乌鲁木齐市新华书店
- ○新疆维吾尔自治区新华书店国际图书城

机场书店
- ●北京首都国际机场 T3 航站楼中信书店
- ○杭州萧山国际机场中信书店
- ●福州长乐国际机场中信书店
- ○西安咸阳国际机场 T1 航站楼中信书店
- ●福建厦门高崎国际机场中信书店